子どもがバドミントンを始めたら読む本

8人の賢者に聞いた58の習慣

廣瀬栄理子 監修

ベースボール・マガジン社

はじめに

親はどうすればいいのだろう

はじめに　親はどうすればいいのだろう

「廣瀬さん、お子さんがいらっしゃいましたよね？　お子さんもバドミントンをされていますか？」

現役時代よく取材してもらっていた編集者から久しぶりに届いたメールは、こんな言葉から始まった。

「バドミントンをやってみたいと興味を持ち始めたところです」

「実は、子どもがバドミントンを始めたら、親としてどんなことを知っておきたいか、知っておくべきか、専門家であるみなさんにお話しいただく一冊をつくりたいと思っています。第一線で活躍されてきた廣瀬さんの経験を活かしながら、バドミントンを愛する母の視点でご協力いただけませんか？」

小学生でバドミントンと出合い、その魅力にひかれ、29歳で現役を終えるまでの約20年間シャトルを追い続けてきた。重ねてきた努力の一つひとつが現在につながっていると思っている。

楽しさから始まったバドミントンだった。スポーツをやっている以上、選手にとって勝敗は大きな重みを持っている。勝てば喜び、負けると悔しい。もっともっとがんばろうと考える。勝っても負けてもその経験が新たな気づきにつながり、次への課題となった。課題を一つひとつ自分の力で克服していくことにスポーツから得られる魅

力があった。成長があった。

そのプロセスは、スポーツを離れた人生の力にもなった。

そんな私に子どもができ、母になった。

もうすぐ、私がバドミントンと出合った年齢に近づく。

そうなって初めて、スポーツに対して選手のときとは違う考えかたが生まれたことに気づいた。

「バドミントンをやりたいと言う子どもに、私はどうしたらいいのだろう」

子ども時代、支えられてプレーしてきた私が今度は支える側になる。親としてどうサポートすればいいのか知りたくなった。

「ぜひお願いします！」

気づけばそう答えていた。

そこから、どんな内容で構成するのか、何度も何度も話し合いを繰り返した。

まず、一番に考えたのが体づくりだ。スポーツを始める時期は子どもの成長期とぴったり重なる。成長期の激しい運動は成長を妨げるという話を聞いたことがあったので、どのような体づくりが必要なのか知りたいと思った。

体づくりには栄養が不可欠だ。

はじめに　親はどうすればいいのだろう

これは私が選手時代、大切にしてきた部分でもある。専門家に成長期の栄養と、スポーツをするうえで必要な栄養について、改めて詳しい話を聞いてみたかった。

心の成長も非常に知りたい部分だ。日頃の練習を支えるメンタル、勝敗に向かうためのメンタルはもちろん、思春期に訪れる人間関係や自分のなかの戸惑い、親子関係など、年齢を重ねるにつれて悩みや問題を乗り越える心が必要になるからだ。成長していく子どもたちに、親はどのように寄り添えばいいのか。学びたいことがたくさんある。

バドミントンは高い技術が必要とされる競技だ。技術に関する書籍はたくさん出ている。インターネットにつなげば情報もあふれている。

私の思いやこれまでの経験をたどって思案するうちに、「スポーツを通じて、考え行動できる力」を大切にしたいという、この本で伝えたい骨格ができあがってきた。さて、ここまできて私ひとりで賢者たちの話を聞くのはどうなのだろうという考えに至った。私以外の視点があったほうが、話はさらにふくらむはずだ。

そこで、周りの方々にも協力をお願いすることにした。

一人は私と同年代のパート勤めをしているママ。小学校2年生の女の子と、これからバドミントンを始める予定の幼稚園児の女の子がいる。

おとうさんにも協力を願った。中学校1年生の男の子と、小学校4年生の女の子、1年生の男の子、3人の子どもがいる。バドミントン経験はないが、スポーツは大好き。ちょっとしたステージパパのようなおとうさんである。二人の強力な味方を得て、あれも知っておきたい、ここも聞きたいと、企画はさらに充実していった。

そして、私たちが知識をしっかり得るための一冊から、バドミントン経験者のおとうさん、おかあさんはもちろん、バドミントンをまったく知らない方でも、いつでも困ったときにすぐに読める、処方箋のような一冊にしたいと夢が広がった。

賢者からどんな話が聞けるのか。

みなさん一緒に、学んでいきましょう。

廣瀬栄理子

CONTENTS

第3章
いつ何を食べればいいですか？

第4章
用具選びで
大切なことはなんですか？

CONTENTS

8人の賢者たち

ケガをしない体のつくりかたが知りたいです　第1章

神田潤一《かんだじゅんいち》さん

アスレティックトレーナー

滋賀県長浜市出身

日本体育大学、日本鍼灸理療専門学校、九州保健福祉大学大学院を卒業。2013年からバドミントン日本代表のトレーナーを務め、東京2020、パリ2024オリンピックにも帯同。バドミントンのほか、高校野球、大学サッカー、社会人男子ソフトボールなどさまざまな競技のトレーナーとして活動。日本スポーツ協会公認アスレティックトレーナー、鍼灸師、あん摩マッサージ指圧師などの資格も持ち、現在、九州医療科学大学講師。著書に『バドミントン うまく動ける体になるトレーニング』（小社刊）がある。

よい動きとはどんな動きですか？　第2章

片山卓哉《かたやまたくや》さん

理学療法士

静岡県伊東市出身

学生時代からトップ選手として活躍。中央大学卒業後、ＮＴＴ東日本バドミントン部に所属し、全日本総合優勝、全日本社会人優勝など、ケガに泣かされながらも1990年代の日本男子ダブルス界のトップペアとして君臨した（パートナー：久保田雄三）。引退後、理学療法士となり、病院で幅広い疾患患者へのリハビリテーションを行ったのち、痛みや動きの問題に特化したコンディショニンググルームKATAYAMAを開業。トップアスリートたちのパーソナルトレーナーとして、ケアやトレーニングを担当している。著書に『バドミントン ボディ革命』シリーズ（小社刊）がある。1972年2月23日生まれ。

いつ何を食べればいいですか？　第3章

池田慶子《いけだけいこ》さん

公認スポーツ栄養士／バドミントンコーチ

愛知県名古屋市出身

中学から大学までバドミントン部で活躍。愛知学泉大学卒業後、国家資格を取得し管理栄養士として病院にて勤務。その後、公認スポーツ栄養士の資格を取得して現在、キッズから一般までの幅広い年齢を対象とした愛知県内のBadminton club house Chickに所属。コーチとして指導するかたわら、筑波大学バドミントン部チーム栄養士として、選手を支えている。また、バドミントン以外にも野球、マラソン、サッカーなどの競技をサポート。小学生からアスリート、シニア世代まで、目的に応じた選手指導を行っている。

用具選びで大切なことはなんですか？　第4章

木下伸介《きのしたしんすけ》さん

ヨネックス株式会社
販売促進部

福岡県遠賀郡岡垣町出身

地元の名門海老津ジュニアでバドミントン人生をスタートさせ、岡垣中学校、八代東高校、日本大学と、バドミントンの強豪校でプレー。インターハイではダブルスで優勝（パートナー：大東忠司）。大学卒業後は実業団トナミ運輸に所属。日本リーガーとして活躍する。現役を引退後はヨネックスに入社。トップ選手からの信頼も厚く、ニーズに応えるギア開発の窓口を務める。世界トップランカーも納得のストリング張りのスペシャリスト集団「ストリンギングチーム」を指揮するなど、バドミントンを影から支えるひとり。1978年7月19日生まれ。

おとうさん、おかあさんの悩みに寄り添う

がんばる力をどう引き出せますか？ 第5章

津《つ》田《だ》文《あや》子《こ》さん

小学校教員／
ジュニアクラブコーチ

埼玉県戸田市出身

トップ選手を輩出している埼玉県のジュニアクラブ・チャレンジャーで小学校４年生からバドミントンを始める。埼玉栄高校卒業後、地元クラブの指導者になるため教員を目指すことを決意。大学在学中からチャレンジャークラブで恩師・能登則男監督とともに指導にあたり、若葉カップ女子２連覇などの結果を残す。同時期から埼玉県のジュニア強化を担当。2023年全国小学生大会男子団体では埼玉県チームを日本一に導いた。現在も小学校の教員として勤務している。

どうしたら勉強との両立ができますか？ 第6章

漆﨑《うるしざき》真《ま》子《こ》さん

元日本代表／
バドミントンクラブコーチ

兵庫県三田市出身

廣瀬栄理子が育った「コマツクラブ」で7歳からバドミントンを始める。三田市立富士中学時代にも同クラブに所属。伊丹北高校ではインターハイでシングルス16強に入る活躍をしながら、勉強も両立。筑波大学へ進学し、インカレ女子団体優勝、シングルス３位。大学卒業後は実業団・山陰合同銀行に所属し、日本Ｂ代表にも選出される。現役引退後、大学院に進学してコーチングを勉強しながら母校のコーチも務める。2024年、仲間とともに普及と育成、強化を目的としたAKUA BADMINTONを設立。子どもから大人まで指導にあたっている。1992年4月19日生まれ。

元気な心の育てかたを教えてください 第7章

陶《す》山《やま》智《さとし》さん

メンタルトレーナー

広島県福山市出身

日本大学で心理学を専攻し、日本大学大学院で心理学修士課程を修了。高校の教員経験もある。社会人になってからバドミントンを始める。順正短期大学、母校・日本大学などで講師を務め、現在、日本体育大学非常勤講師（教育相談・教育心理学担当）・バドミントン部メンタルトレーナー（14年目）。部内での職務は心理テスト、面接及び観察などによる見立てや助言・援助などをはじめ、多岐にわたる。また、同大学大東忠司准教授とともに「勝つためにはどうしたらよいか」をテーマに研究も行っている。

考える力って伸ばせますか？ 第8章

大束《おおつか》忠司《ただし》さん

オリンピアン／
大学バドミントン部監督

長崎県長崎市出身

７歳でバドミントンを始める。長崎県の大浦中学では全国中学校大会シングルス優勝、八代東高校ではインターハイダブルス優勝など、単複で活躍。日本体育大学進学後は、同期の舛田圭太とペアを組み、日本の男子ダブルスのエースへと駆け上がる。卒業後はトナミ運輸に所属。全日本総合ではダブルスで5度の優勝。2004年アテネ、2008年北京と、２大会連続でオリンピック出場を果たす。現在、母校の日本体育大学でバドミントン部監督を務める。同大学准教授。著書に『見るだけでうまくなる！ バドミントンの基礎』（小社刊）など。1978年4月30日生まれ。

デザイン	黄川田洋志
イラスト	山口正児
写真	GettyImages、菅原淳
構成	永田千恵
校正	cocon（時岡千尋）

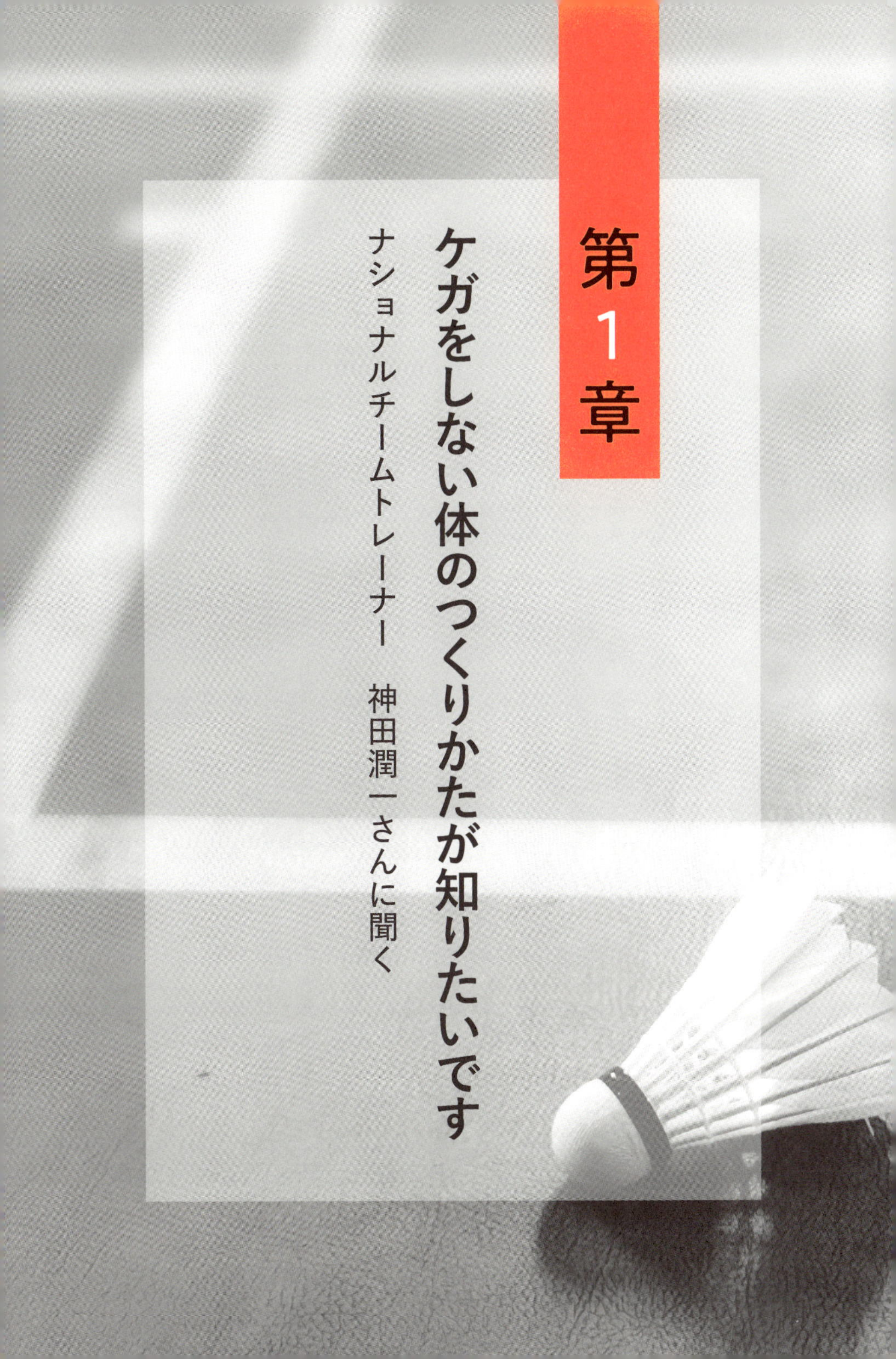

第1章

ケガをしない体のつくりかたが知りたいです

ナショナルチームトレーナー　神田潤一さんに聞く

子どもがスポーツをやりたいと言い出したとき、親としてまず頭に浮かぶことはなんだろう。

はじめに考えたことが「ケガせず、安全に続けてほしい」ということだった。スポーツには健康的なイメージがあるが、トップで活躍している選手は多かれ少なかれケガを経験している。親として成長期の体について知っておく必要がある。

体のケアに関することなら、ぜひとも話を聞きたい方がいた。長くナショナルチームのトレーナーを務めていらっしゃる神田潤一さんである。選手の頃はもちろん、私が日本B代表のコーチを務めた際、遠征に何度も帯同いただいた。ケガによっては緊迫感をともなうようなときでも神田さんはつねに冷静、かつ的確な判断をしてくださる。それがどれほど心強かったことか。非常に信頼できる方である。

神田さんとは私が現場を離れて数年、お目にかかっていない。久しぶりに、選手でもコーチでもなく母として、成長期の子どもの体のケア、そしてケガについてじっくりお話をうかがってきたい。

成長期のトレーニングは体幹を鍛えるものを

廣瀬　神田トレーナーに現役時代、とても支えていただきました。今日はアスリートとしてではなく、子どもを持つ母としていろいろ教えていただきたいと思っています。では、最初の質問は私から。成長期にトレーニングをすると身長が伸びなくなるなどと聞いたことがありますが、幼児や小学生の子がトレーニングをしても問題ないでしょうか。

神田　廣瀬さんの現役時代、懐かしいですね！　結論から言いますと、まったく問題ありません。問題はどんなトレーニングを行うか、ですね。ボディービルダーのような筋骨隆々の体をつくるトレーニングなどはさすがに影響があると思います。重量を使ったトレーニングは成長期が終わったあと、本格的にやっていくことになると思いますので、それに向けた準備という意味で重さを使わないトレーニングならむしろやったほうがいいでしょう。

母親　重さを使わないとは、どんなトレーニングですか？

神田　具体的な例をあげますと、スクワット、ランジ、腕立て伏せ、腹筋・背筋といったオーソドックスなものがおすすめですね。これらは下肢や上肢のためのトレーニングメニューですが、スポーツに重要な体幹を鍛えることにもつながるのです。

母親　体幹！　その言葉自体はよく聞くのですが、私自身はスポーツ経験がないので具体的によくわかっていなくて。教えていただけますか。

神田　そういう方は多いかもしれませんね。さまざまな定義があるのですが、体の部位でいうと、首から骨盤までの部分で、ここが安定せずグラグラしていると正しい姿勢を維持することができません。ここでいう「安定させる」とはどういうことかというと、お腹や腰の周りは動かないように固定して、そこから上下の部分はよく動かせる状態のことを指しています。関節のなかで、腰の関節はそもそもあまり動かない関節なので、腰を大きく動かすような動きをとるとケガにつながります。ですので、腰は固定して安定させるイメージです。一方、腰から上の「首から胸部」と、腰から下の「股関節」は伸ばしたり、ひねったり、しっかり動かすことでバドミントンのショットを打つことができるんです。

母親　まさに体の幹の部分ということですね。では、体幹が弱いとどうなってしまいますか？

神田　いわゆる手打ちというやつですね。シャトルを打つときに体の力が伝わらず、

体幹の安定

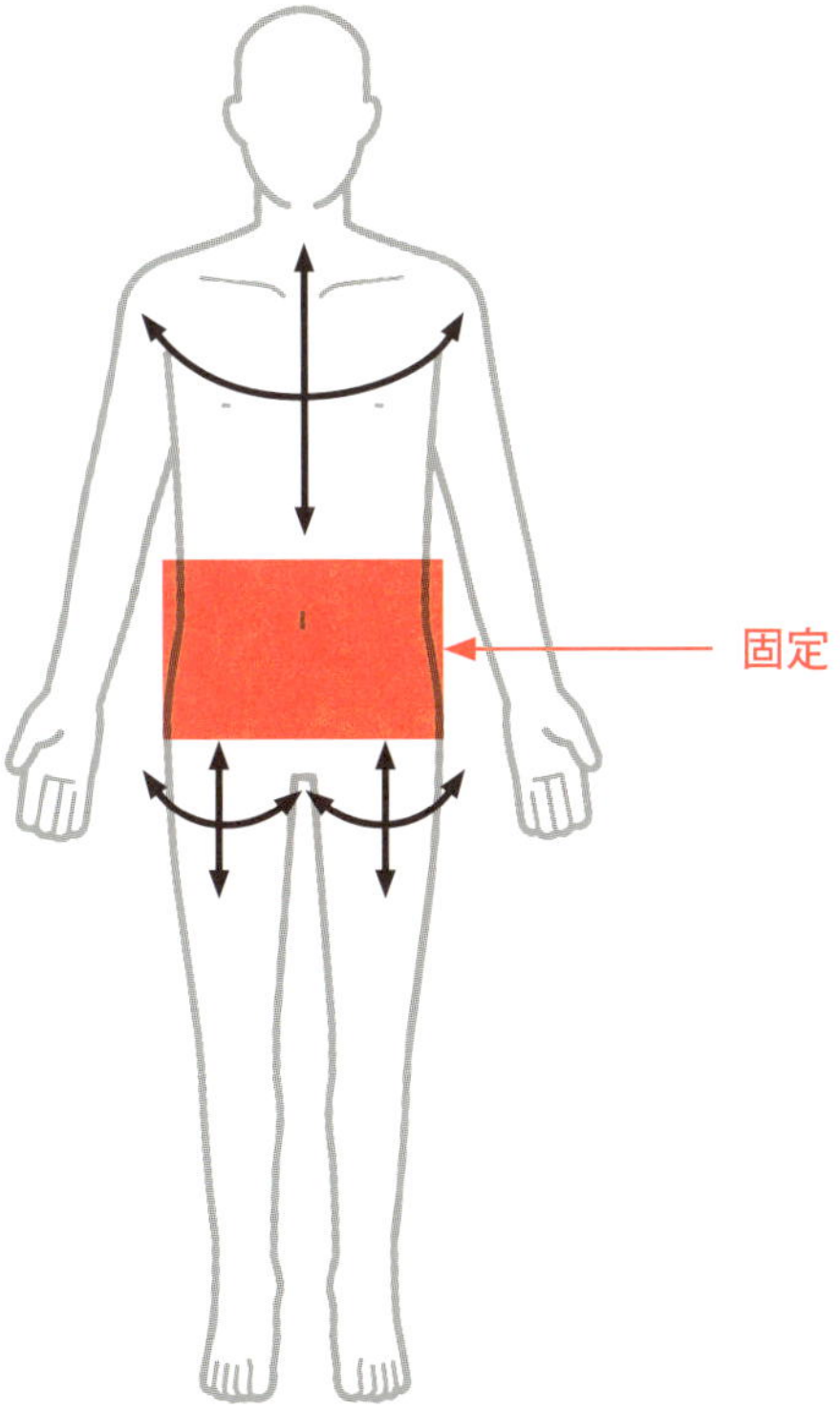

腰（赤色部分）は固定。腰の上の胸部、腰の下の股関節は伸ばす、曲げる、ひねるなどの動きをつくる

肩から先の上肢だけで打つ手打ちになりがちです。手打ちになると力いっぱいにシャトルを打っても、飛ばないばかりかコントロールも悪くなります。

母親 手打ちはよくないと聞いたことがありますが、将来どんな影響が出ますか？

神田 バドミントンのいいショット、強いショットというのは、腕の力で打っているわけではないんですね。下肢から体幹、上肢と順に力が連動して伝わって強力なショットが生まれます。力の伝わりかたが違うんです。つまり、手打ちのプレーでは将来的な成長が期待できなくなってしまいます。

母親 体幹を鍛えると、体の力を使えるようになるということなんですね。

神田 はい。大前提として、バドミントンが上達するためにまず何が一番大切になってくるかというと、自分の体を正しく動かすことができるようになることにあります。正しく動かすためには、体の中心部分、体幹という土台がまずしっかりしている必要がある、ということですね。ぜひ積極的に取り入れてください。

母親 そのメニューをするときに気をつけることはありますか？

神田 正しいフォームでやるということをこの年代では心がけていただきたいですね。これは体幹トレーニングにかぎったことではなく、トレーニング全般にいえることですが、成長期はきついトレーニングをするよりも、正しく行うことを重視してくださ

いかに力を伝えるか

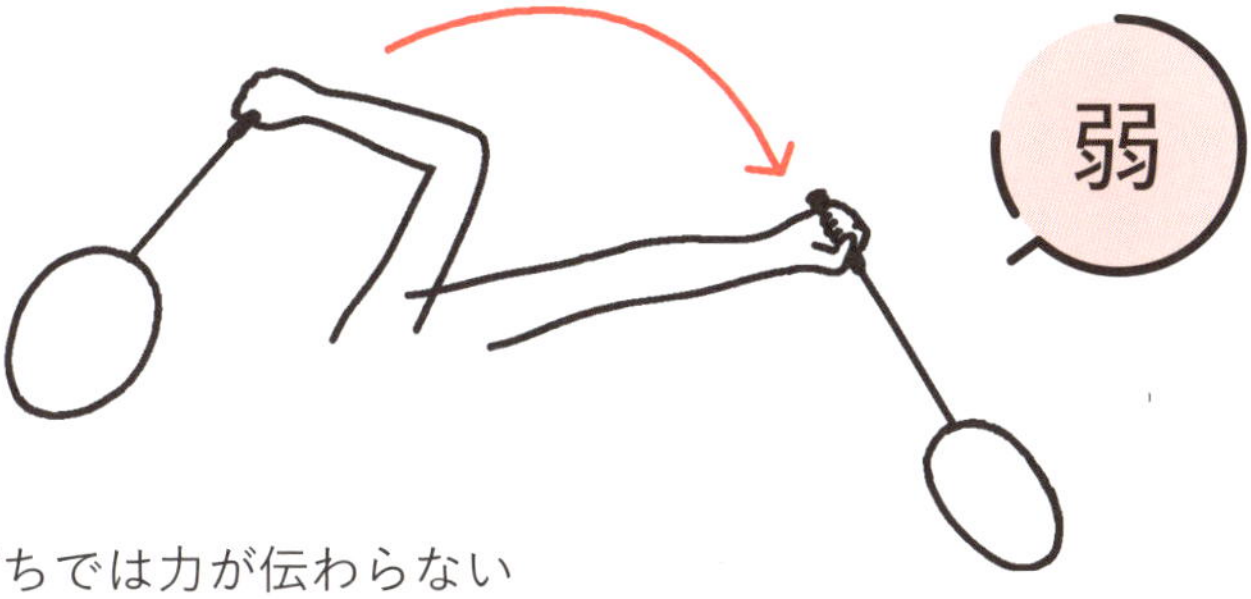

手打ちでは力が伝わらない

下肢から体幹、上肢と連動すると力が伝わる

い。こうしたメニューなら成長を阻害することはありません。安心してやっていただいて大丈夫です。

母親　とはいえ、体が未熟な時期にたくさんトレーニングをやっても大丈夫なんでしょうか。

神田　やはりメインはバドミントンの練習で、トレーニングはあくまでスキマに取り入れる、くらいの考えかたでいいかと思います。というのも、バドミントンは圧倒的にスキル、つまり技術のスポーツですからね。そうでしょう？　廣瀬さん。

廣瀬　そうですね。鋭いショット、美しく放物線を描いたクリアー、ヘアピンなどいろいろな種類のショットを打つ技術が必要になってきます。

神田　ですから、コートで練習できる時間があるならしっかりシャトルを打つ練習をしていただき、トレーニングはスキマ時間を利用してやってもらうといいと思います。先ほどあげたメニューは、体育館のわずかなスペースや自宅でできるものばかりです。

父親　体幹を鍛えるために、ほかの競技もやらせてみたいと思うのですがどうでしょうか。

神田　非常にいいことですね！　むしろ、私としては子どものうちはいろんなスポーツをやらせてあげることをおすすめしたいです。異なる競技や動きをすることで、基礎体力が養われるからです。とくに神経系は4〜5歳頃までに80パーセント発達し、6歳には90パーセント発達、そして12歳頃にはピークに達するといわれています。神経系は体を自分の思い通りに巧みに動かす能力に関わってきます。この時期はゴールデンエイジとも呼ばれ、ここでの過ごしかたにより、運動能力が決まるといわれるほど重要です。そのため、なるべく早い時期にさまざまな動きを経験させることが、体力の土台をつくるという意味で大事になってきます。とくにバドミントンはスキル要素が強い競技、つまり神経系が重要になってくる競技なので、バドミントンを始める時期もなるべく早いほうが有利となります。実際、バドミントンのトップ選手は小学校低学年やそれ以前から競技を始めている場合がほとんどです。また、身体的な成長においては赤ちゃんのときの第一次成長期と思春期のときの第二次成長期に体が急激に大きくなりますが、この時期にさまざまな運動による刺激を受け、しっかりとした栄養をとることで成長の質が変わってきます。

廣瀬　そうなんですね。子どもの頃の過ごしかたってそんなに大事なんですね。

神田　そこで養われた基礎体力。これがあるということはどういうことかといいますと、土台がしっかりしているということなんですね。ここができているかどうかでその後の成長が大きく変わってきます。土台がある子は伸びていきますが、土台がない子はたとえテクニックがあっても、残念ながらその後の成長は限定的になってしまいます。

父親　どのようなものがおすすめですか？

神田　自然に体幹をしっかりさせるには、定番ですが水泳や体操がいいでしょう。このふたつの競技は体のすべての部分を使うので、動きの基礎が身につきます。

母親　でも、バドミントン以外にも通わせるとなると、現実的には時間的にも金銭面でもなかなかたいへん……。

神田　確かにそうですよね。そんな方にとっておきの方法があります。それが、外遊び。外で元気に遊ぶことも子どもにとっては大切なんです。

母親　え？　外で遊ぶだけでいいんですか？

神田　はい。鬼ごっこをしたり、木登りをしたり、という子どもたちの外遊びのなかには走る・跳ぶ・筋力を使うなどさまざまな動きが含まれ、実は子どもたちはそうした体の動きを遊びながら自然に身につけているんですよ。でも残念ながら、今のお子さんたちはさまざまな事情から外遊びの機会が少なくなっています。そのため、全体的に子どもたちの筋力が弱くなってきているということが数字にも表されています。それが結局、ケガにつながってしまうんですよね。

父親　そういえば私は子どもの頃、外でよく遊んでいました。だからあまりケガなどしないのかな。

神田　遊ぶことで体を鍛えていたんでしょうね。ぜひ積極的に、お子さんと遊んでください。実は私もよく子どもを連れて市民プールに行くんですよ。まだ泳げる年齢ではないので、足をバタバタ動かす程度ですが（笑）。

父親　いいですね！　次の休日は家族を近所にできたアスレチック広場に遊びに連れていこうと思います。

神田　私自身、親として果たせる役割はなんだろうと考えることがあるのですが、近頃、子どもに機会や環境を与えてあげることではないか、と思い至りました。子どもがさまざまなことを体験できるよう、そのなかから自分で自分に向いているものを選び出すことができるよう、機会や場を提供してあげる。そんな親でありたいと思うのです。ただ、ここで過保護にならないことも大切ですよね。危ないものには近づけたくないし、手を貸したくなってしまう。でも、たとえば転んでも手をつければ頭を打たないなど、子どもたちはそんなところから身の処しかたを自分で学んでいるんですよね。もちろん命にかかわることからは親が守らなければいけませんが、手を出しすぎないことも重要で、これは親の忍耐にかかってきます。

廣瀬　本当ですね。私もつい手助けしたくなりますが、気をつけています。自分の足で歩き、考えられる子に育ってほしいと思います。

神田　ポイントとなるのはどれも「楽しく」ということです。とくに小さなうちは、子どもたちが楽しくやることを大切にしてあげてください。

ケガ予防は正しい動きを身につけることにあり

母親　親として一番心配なのはやっぱりケガ。バドミントンには主にどんなケガがありますか？

神田　まずケガには外傷と障害というふたつがあります。外傷は突発的な事故で起こるもので、バドミントンの場合もっとも多いのは足首の捻挫や太ももやふくらはぎの肉ばなれ。大きなケガにつながるものにはヒザの前十字靭帯損傷、また、子どもには少ないですがアキレス腱断裂などがあります。もうひとつの障害は、繰り返しのストレスによって起きるケガのことで、膝蓋靭帯炎（ジャンパー膝）、アキレス腱炎などがあります。

廣瀬　肉ばなれ。私も経験があります。

神田　ケガの部位でいうと、腰や腕のケガもありますがやはり足が多いですね。

父親　それはコート上を動き回るためですか？

神田　動き回るにしても、ショットにしても、足の動きから始まるので負担がかかりやすく、その動きが悪ければケガにつながります。あとは周りの環境の問題でもケガは起こります。たとえば普段、普通の体育館で練習していた選手が急にコートマットで練習すると、足が引っかかってしまって捻挫する、ということがありますね。また、足を前に踏みこんだときにずるっと滑ってしまって足が開き、ももの後ろの付け根部分を痛めたらそれが重症化してしまった、といったこともあります。コートがいつもより止まりやすい、いつもより滑るなど慣れない環境では、いつもと同じ感覚でやったことが大きなケガにつながってしまう場合がありますので、注意していただきたいですね。

父親　腰はどうですか？

神田　腰も多いです。バドミントンは体を大きく反らしたり、ひねったりするプレーが多く、腰にダメージが起こりやすいです。筋・筋膜性腰痛から、腰椎分離症（腰の疲労骨折）や椎間板ヘルニア、腰の疲労骨折などがあります。腰は一度患ってしまうと長期間練習ができない状況になってしまうことがあるので、小学生・中学生といった成長期から予防しておくことが大切です。

母親 どうしたらいいんですか？

神田 腰の関節自体は動くようにできていないので、胸部や股関節の可動域を広げておくことが予防になります。

母親 子どもはバドミントンが楽しくてたまらないので、腰が痛くてもおそらく私には言わないと思うんです。親でもわかる予兆と言いますか、これは危ないかも、というのはどこでわかりますか？

神田 痛みの感覚は人それぞれなので難しいものがありますが、お子さんの動きが普段とどこか違っている、足を引きずっている、腰をかばっているなど、そういったところは感じとれるのではないかと思います。注意深く見ていただけるといいですね。

また、全体のケガ予防という意味で、先ほどお話しした正しく動けることが重要な意味を持っています。体を鍛えるだけではなく、ケガ予防のためにもぜひ積極的に先ほどのトレーニングメニューを実践してもらいたいです。

廣瀬 ケガをするときはムリな動きをしたときが多いんですよね。

神田 そうなんです。正しい動きができているとケガのリスクは低くなります。ただし、スポーツをやっていれば「これさえやっておけば絶対ケガをしない」というものはありません。がんばればがんばるだけケガのリスクはあります。ただ、過剰に恐れないでいただきたいですね。

母親　それは練習のやりすぎによるケガということですか？

神田　現在、バドミントンで活躍している選手を見ていますと、確かに小学校低学年のうちからさまざまなスキルを得ている選手が多いですね。ジュニア期からおそらくたくさん練習してきているのだろうと思います。とはいえ、障害は日々の積み重ねによるものなのでやりすぎはケガにつながりますし、バドミントン自体が嫌いになってしまうこともあります。時に親のほうからストップをかけることも大切になってきますね。

成長痛とは何か？

母親　チームの上級生が近頃、「ヒザが痛い」と言っているのを聞きました。何かケガをしたわけではなさそうなんですよね。

神田　おそらく、成長期特有のスポーツ障害いわゆる「成長痛」だと思います。言葉通り成長にともなって生じるものです。成長痛にもいくつか種類がありますが、もっ

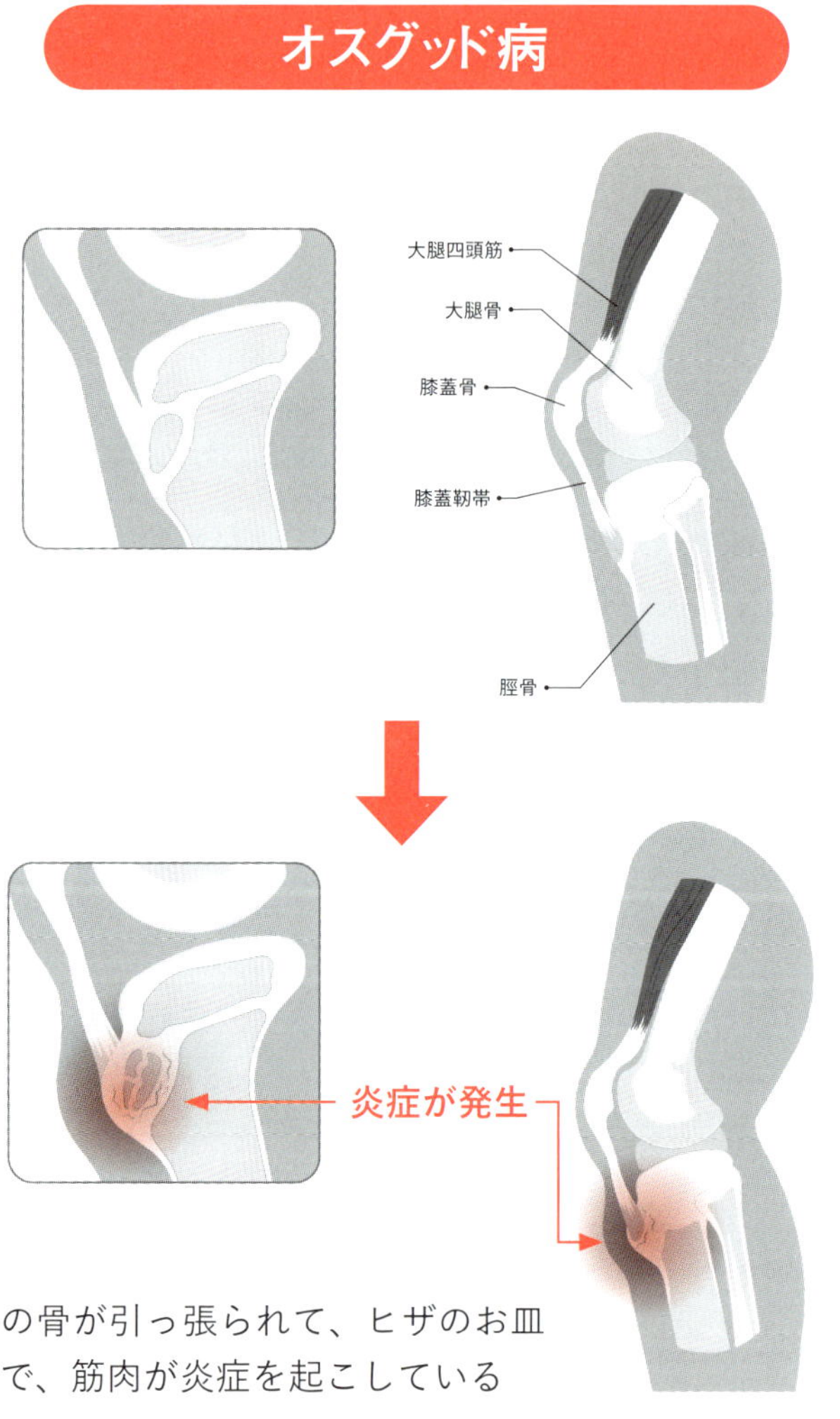

すねの骨が引っ張られて、ヒザのお皿の下で、筋肉が炎症を起こしている

とも多いのがその上級生が罹患している「オスグッド・シュラッター病」で、ヒザのお皿の下が痛みます。筋肉は骨から骨にわたってついているのですが、太ももの前にある大腿四頭筋という筋肉が硬くなってくると、その大腿四頭筋の付着部分であるお皿の下の脛骨というすねの骨が引っ張られ、炎症が起きた状態になっているということなんです。

父親　成長痛で代表的なものはほかにありますか？

神田　ヒザと同様、アキレス腱の付着部分であるかかとも、かかとの骨が引っ張られることで炎症が起きる場合があります。どちらも成長期の特徴として、骨がまだやわらかい状態にあることが原因です。やわらかな骨に対し、筋肉の引っ張る力がかかることで骨が動きます。激しい動きがあると骨を引っ張る強い力が働いて炎症が起き、それが痛みにつながってしまうんです。ひどい場合だと、骨が飛び出てしまったり、骨が剥離《はくり》したりすることもあります。

母親　年齢にすると何歳が多いですか？

神田　第二次成長期に多いです。年齢でいうと、一般的に女子は8歳から12歳ぐらいから、男子はそれより少し遅く10歳から14歳くらいに成長期が始まります。その年代ですね。成長期という名の通り、急激に身長が伸びる時期。まず骨が先に伸び、伸びた骨に引っ張られるかたちで筋肉が硬くなりやすくなる身体状況にあります。そんな時期に、たとえばネット前の球をとろうと強く踏みこんだとします。そうするとヒザにとても大きな力がかかります。成長期で硬くなった筋肉に、踏みこむ力が加わることでさらに強く筋肉が引っ張られて硬くなり、もっとも負担がかかったヒザ下部分に炎症が起きて痛みが生じるのです。そもそもバドミントンの動きを考えると利き手側の足を強く踏みこむことが圧倒的に多いスポーツなので、利き手側のヒザに負担がかかりやすく、痛みが出ることが多いです。

母親　では、オスグッドになってしまったらどうしたらいいですか？

神田　まずは一度練習を休ませてみてください。そこから痛みのない範囲で練習をしてみて、それでも痛みが引かないということであればすぐに専門医の診察を受けてください。痛みが引かないままプレーを続けると悪化してしまい、周囲でも気がつくほどヒザの骨が出てしまうこともあります。こうなってくると手遅れになることもありますので、少しでも痛みがあったら注意していただきたいですね。

父親　成長痛を防ぐ方法も正しい動きですか？

神田　はい。やはり正しいフォームでしっかり足や筋肉が動くようにすること。正しくフットワーク、ラケットワークができるようにすることが一番のケガ予防です。ストレッチングを積極的に取り入れるのもいいですね。練習で筋肉を使ったら、練習後に自分でマッサージするのも効果的です。とくにヒザの成長痛を予防するには太ももの前の部分、大腿四頭筋の柔軟性をしっかりと保つことがとても大事なので、この部分だけでも必ずストレッチングを欠かさず行い、太もも前をつねにやわらかく保っておくよう心がけてください。

母親　筋肉が硬くなっているかどうか、自分でわかりますか？

神田　かんたんな方法があります。まずうつ伏せに寝ます。その状態からヒザを曲げてみてください。足のかかとがお尻につかない人は太ももの前が硬くなっている証拠です。

父親　成長痛ですが、大人になったときに何か影響が出ますか？

神田　古傷というやつですね。疲れたり普段よりも動きが多くなったりすると、痛みが出てくる場合があるようです。

母親　そうならないよう、子どものときにしっかりケアする習慣づけをすることが親の役目ですね。

神田　そうですね。ポイントとなるのは成長痛にかぎったことではありませんが、痛みが出たら自己判断しないこと。まず病院に行き、医師の診察を受け、指示に従って

太ももの前の筋肉が硬いかどうかをチェック

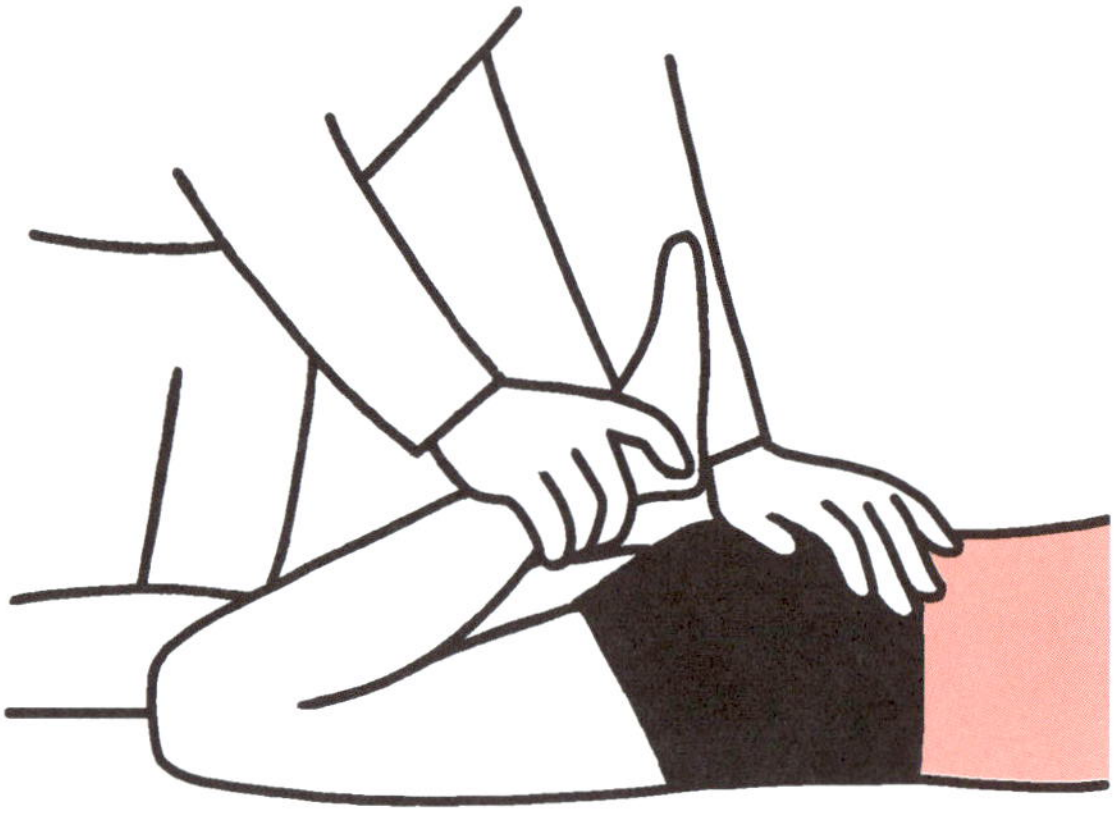

うつ伏せで両足を閉じた状態をつくり、チェックするほうのヒザを曲げる。補助者がかかとをお尻につけるように押す。かかとがお尻につかなかったり、ついてもお尻が上がってしまったりする場合は太ももの前の筋肉が硬くなっている。このテストと同じ動きで太ももの前の筋肉をストレッチングしてやわらかくしよう

ください。また、痛みがおさまるまでは痛みが出る動きは控えたほうがいいでしょう。痛みまではいかなくても、練習が終わったあとにジンジンするような感覚があったら、その動きは控えるようにしてください。ムリはケガにつながってしまいますから注意していただきたいですね。

父親　練習を休ませたほうがいいということでしょうか？

神田　医師からドクターストップがかかっていなければ、まったくやらないのではなく、痛みや違和感がある動きを避けてできることをやってください。ただ、痛みを我慢して続けて悪化させてしまうと、競技生命にかかわることにもなりかねません。

母親　かかりつけの整形外科をもっておいたほうがよさそうですね。

神田　できればスポーツドクターなど、スポーツに詳しい医師がいるところがいいですね。接骨院、整骨院などかかりつけのところがあっても、ケガが疑われる場合は必ず先に病院で診察を受け、何が起きているのかということをはっきりさせましょう。

母親　整形外科と接骨院の違いとはなんですか。

神田　ひと言でいうと医療行為ができるかどうかですね。整形外科は医療機関なので診察行為を行うことができますが、接骨院や整骨院は医療機関ではないので診察することができません。整形外科できちんと診察を受け、その後のケアとして接骨院などは利用していただきたいです。

女子選手が気をつけたいケガ

母親 うちは女の子なんですが、女子が注意したいケガはありますか？

神田 さまざまありますが、まずは女性のスポーツ選手特有の問題が原因として起こる疲労骨折には注意したほうがいいです。問題というのは「女性アスリートの三主徴」というもので、エネルギー不足、無月経、骨粗しょう症といった三つのリスクがあることを言います。「やせたい」「月経がこなくてもしかたがない」「痛くても我慢する」といった間違った認識から陥ることが多いです。とくに月経異常は疲労骨折との関連が高いので、しっかりと知識を身につけ、記録をつけるなどし、正常に月経がくるようにすることが大切です。とくに15歳でも月経がこない、3カ月間月経がこないような状況になった場合は医療機関を受診してください。

母親 私たち親にできることはありますか？

神田 家庭でできることとしては、まずは「女性の三主徴」について子どもとともにしっかりと学んだうえで、バランスのよい食事をとらせるようにすることが大事です。

女性アスリートの三主徴

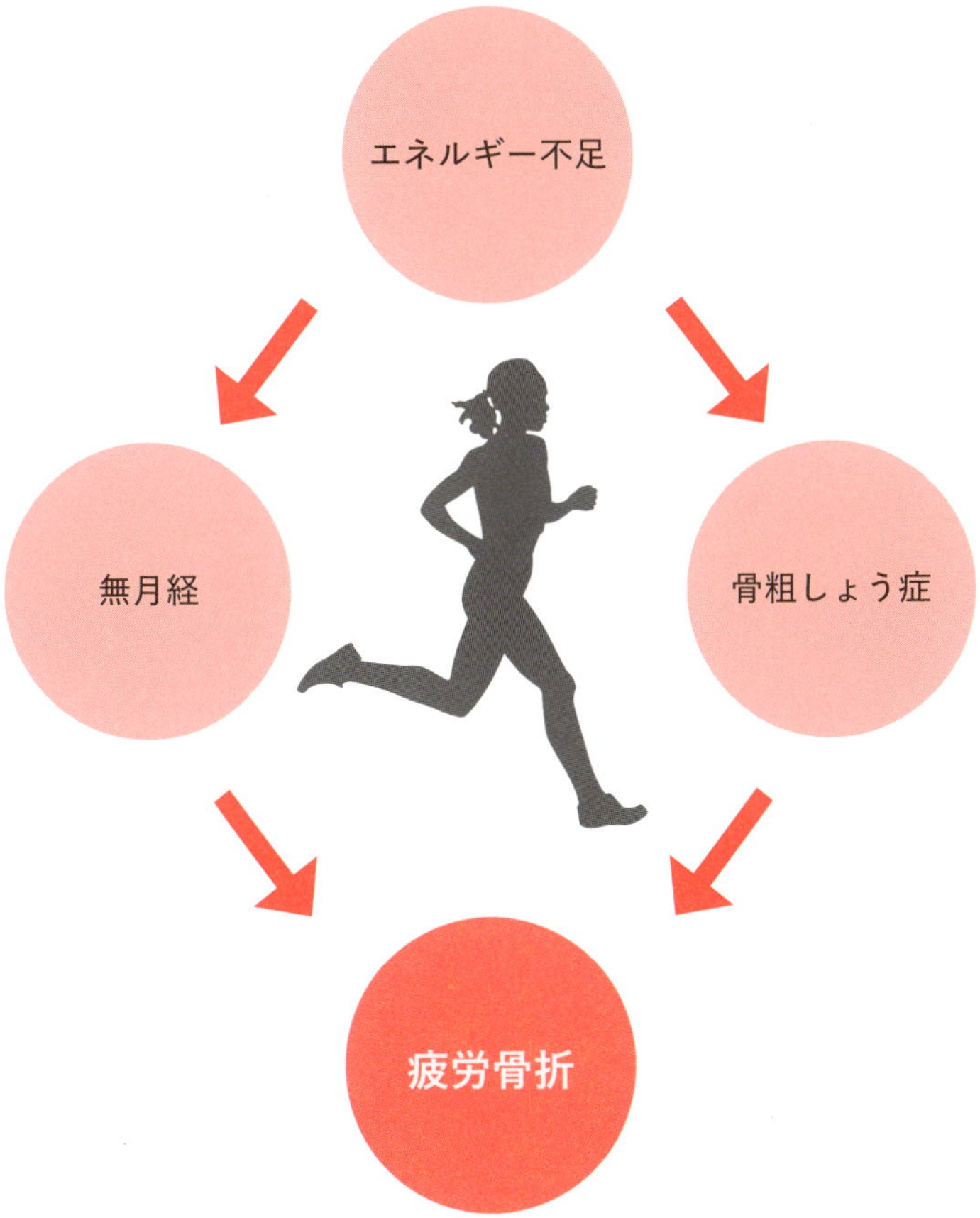

バドミントンをやっているということは、普通のお子さんより動いているので、通常のエネルギー量に加えて骨・筋肉など体に必要な栄養素をしっかりとるようにしてください。

ケガをしたら試合を欠場する勇気も時に必要

父親　ケガをしたらしっかり治さなければいけないことはわかりますが、試合と重なってしまうこともあると思います。その場合はどうしたらいいですか？

神田　大事な試合を控えているとなると難しいですね。これまで練習してきたことを考えると、本人は痛くても試合に出たいと思うでしょうし、親としても出たいというなら出してあげたいと思いますよね。でも、まずは病院の医師、本人としっかり相談してください。ただ将来的なことを考えると、かなりの痛みがともなっている場合、私としてはここは勇気を持って試合を欠場するという方向へお子さんを導いていただきたいと思います。小学生、中学生で成績を出すということではなく、その先の高校などで大きく花を咲かせる道があるということを教えてあげてほしいですね。それでもどうしても試合に出たい、ということでしたらリスクを覚悟する必要があります。

廣瀬　痛みがあると痛い部分をかばってしまい、いつものプレーができないんですよね。スピードも上げられないのでプレーの感覚が変わってきます。

神田　そうなんです。しかも、痛みをかばうことによってケガをしていない足に負担がかかり、新たな痛みが生じてしまうということにもなりかねません。

母親　それでも「がんばっているから、なんとかプレーさせてあげたい」「勝たせてあげたい」と思ってしまうんです。

廣瀬　そうですよね。やっている本人ももちろんそうです。なんとしても試合に出たいと思っています。私は現役時代、痛みを言い訳にしないということを決めていました。自分で試合に出ると決めたときは覚悟をもってコートに立っていましたね。

神田　トップになると、つねにベストコンディションで試合に臨める選手はほとんどいないと言っていいでしょう。みなさんどこかに痛みを抱えて試合をしています。体調が悪くても、それを言い訳にした時点で勝てないですからね。

廣瀬　ケガや体調不良で体の調子が悪いと調子をよくすることに気持ちがいってしまい、大切なのは試合の準備をすることか体の調子を整えることか、目的がわからなくなってしまいます。

神田　ただそれはトップ選手だから、痛みがあっても出場しなければならないことはあるということ。ジュニアのうちは目の前の大会での勝利がゴールではないはずです。将来的なことを考えて、休む勇気が必要なことをお子さんにしっかりと伝えてあげてほしいですね。

廣瀬　仮に試合に出たとしても不可能だと判断したら、やめさせるようにしなければいけませんね。

神田　そうですね。ケガを抱えて試合に出場すると本人が決めたなら、あとは見守るだけ。できることは何かあったときのサポートですね。

廣瀬　私が選手のときはケガをしたらすぐにアイシングをしていました。今はどうですか？

神田　以前は、どんなケガでもケガをしたらすぐに冷やすことが定説になっていましたよね。でも現在は、アイシングに対する考えかたが少し変わってきています。たとえば、捻挫をしたとき、腫れて熱を持っているような炎症期はアイシングで冷やす。成長期の選手や炎症期ではない場合、冷やすことで楽になるならアイシングをする、あまり変わらない、もしくは冷やすと悪化するというようなときは冷やさず様子を見たり、病院へ行く、というふうな流れになってきています。いずれにせよ、痛みがわかるのは自分自身だけです。それだけに、ケガをしてプレーを続けるということにはどういうリスクがともなうのか、しっかり説明してあげていただきたいですね。バドミントンプレーヤーとしての将来に大きな夢を持っているようでしたらなおさらです。

ウォーミングアップはまず、自分の感覚をつかむことから

父親　ケガ予防として私の頭に浮かぶのはウォーミングアップです。とはいえ、なぜそれがいいのか、改めて考えると子どもにうまく説明できません。体のメカニズムはどうなっているのでしょうか。

神田　体を動かすことで筋温を上げると、筋肉は動かしやすくなるのです。かんたんに説明すると、筋肉は筋膜という膜で包まれており、その筋膜と筋肉の間に筋肉の収縮をスムーズにするヒアルロン酸などの潤滑液が入っています。体が温まっていないと少しネバネバした状態で筋肉の収縮を妨げます。体が温まるとその液体がさらさらになり、筋肉の収縮をスムーズにしてくれます。そのため、体を動かしやすくなるんですね。また、体を動かすには脳からの電気信号が神経に送られる必要がありますが、その神経の伝達スピードが体を温めることで上がります。同時に柔軟性も上がります。とくにバドミントンはネット前で大きく開脚して踏み込むなど、大きな可動を必要と

しますので、準備のためにもぜひしっかり行ってほしいですね。そのほか、気持ちの準備など、ウォーミングアップにはさまざまな効果があります。

父親　どんなメニューをするといいですか？

神田　そうですね。オーソドックスな流れでいきますと、まずジョギングとウォーキングで体を温めるところからスタートします。そこから動きをともなったストレッチング、ステップを行います。チームで全体のアップが行われるようなら、その前に、個別の課題をプラスアルファで行うという考えかたがいいのではないかと思います。たとえば足首が硬いといった課題がある場合、その部分を入念にストレッチングしてからジョギングをするなどです。

父親　2時間練習があるとして、どのくらいの時間をウォーミングアップにかけるといいですか？

神田　明確な時間はありません。夏場と冬場では変わってくると思います。夏場は10分から15分ですんでも、冬場は環境によっては30分近くやらないと体が温まってこないということもあるでしょう。大切なのは、練習ごとにアップは行うものなので、この程度やれば動けるといった、自分なりの指標を持つこと。自分の体と対話してください。

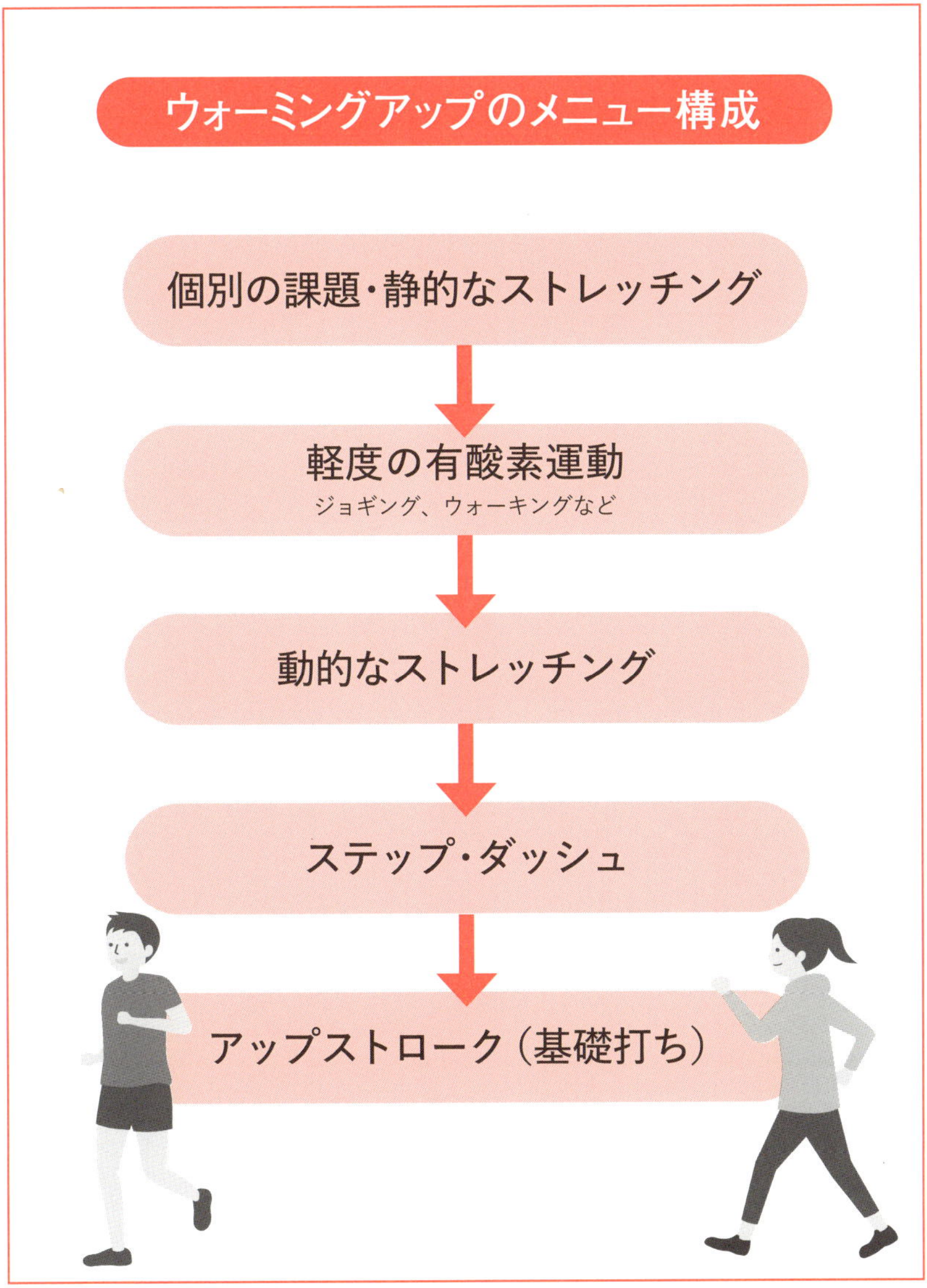
ウォーミングアップのメニュー構成
個別の課題・静的なストレッチング
軽度の有酸素運動
ジョギング、ウォーキングなど
動的なストレッチング
ステップ・ダッシュ
アップストローク（基礎打ち）

廣瀬　神田さんが教えてくださったこと、とても大切だと思います。人それぞれ違うので、みんなが行うからではなく、自分の感覚をつかむといいですね。

神田　とくに大会に出場するとなるとアップは自分ひとりでやらなければなりません。冬の試合は体が温まりにくいから早めに始める、夏の大会は暑いので早く体が温まるため、逆にやりすぎてバテないようにアップの時間を短くするなど、自分なりに考えて行う必要があります。

母親　練習ノートなどに書きこんだほうがいいですか？

神田　それも大事なことと思います。感覚的にわかる、できる、という子には必要ないかもしれませんが、指導者や親の立場では目に見える方法になりますね。また、記録に残しておくことで「あのときはどうだったかな」など振り返りにもなりますし、アップの必要性を理解する作業にもなると思います。

クールダウンは練習とセットにして習慣づける

母親　練習が終わったあとに何かしたほうがいいことはありますか？

神田　運動の強度を落として心拍数を落としていくというクールダウンですね。このクールダウンを行うこともとても大切です。

母親　あまり見たことがありません。

神田　そもそもやらない選手もいますし、「今日は疲れたから」「面倒くさいから」やらないという選手を見かけることがあります。でも、それはケガ予防などを考えてもまずい状態ですね。

母親　必ずやらなければいけない必要なものということですね。

神田　はい。練習で使った筋肉には疲労物質がたまっています。それをストレッチングや軽いジョギングをすることで、取り除く効果があるためです。血液を循環させている心臓内で疲労物質を取り除き、新しいきれいな血液を体内に流すという一連の流れがクールダウンなんです。つまり、その日動いて生じた疲労はその日のうちにとる。そのために、クールダウンを行うわけです。そうすることによって、翌日はベストなコンディションで練習に臨めるので練習の質が上がりますし、ケガの予防にもつながります。

母親　コーチたちが練習後に子どもたちを軽く走らせていますが、それにはそんな意味があったんですね！

神田　はい、バドミントンはとてもハードな競技なので、クールダウンは歯磨きと同

疲労物質を取り除く、血液循環の仕組み

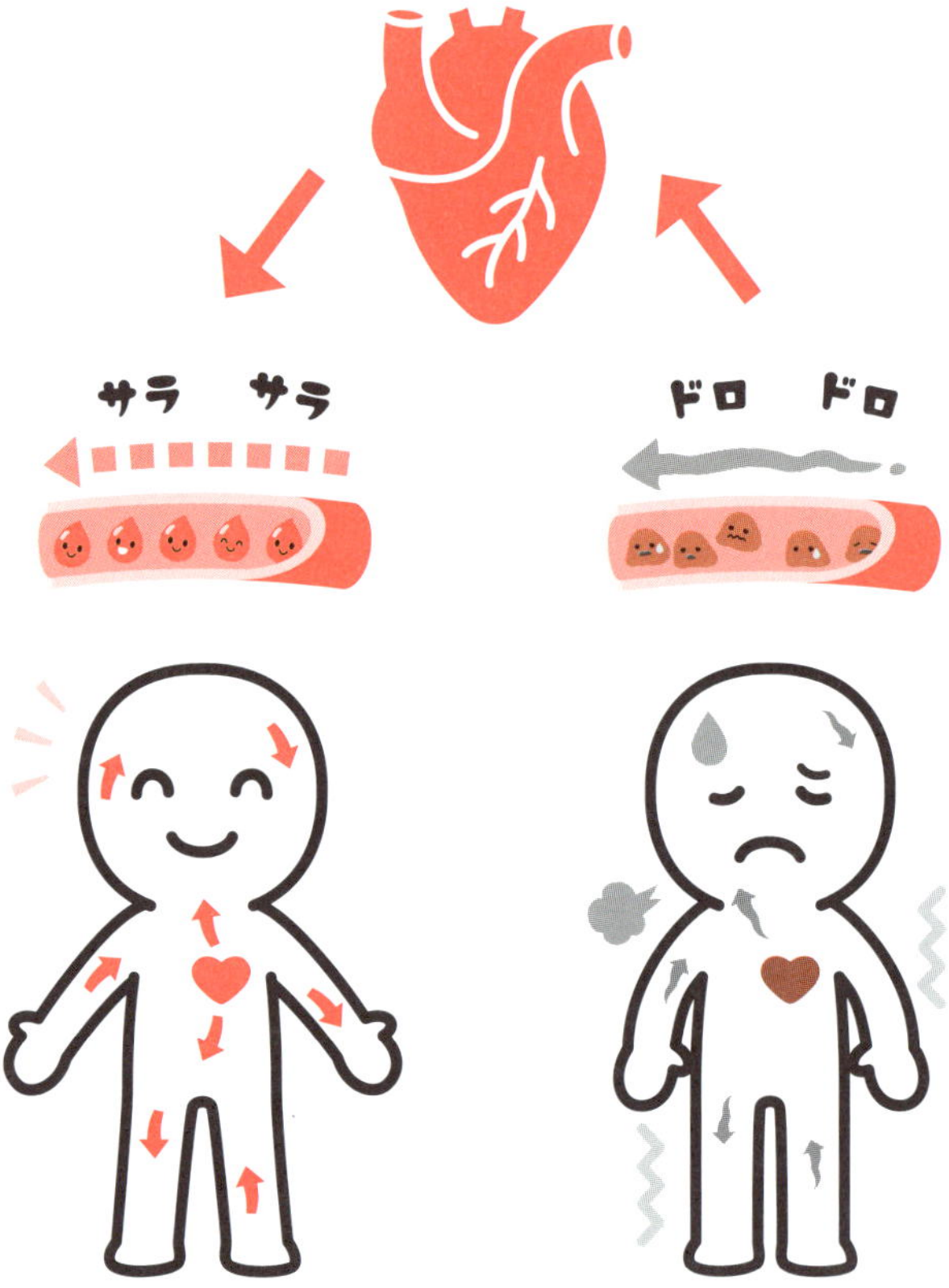

じ感覚でやっていただきたいです。

母親　習慣にするということですね。

神田　そうなんです。練習とクールダウンはセットと覚えてください。

父親　練習のあと、すぐにやったほうがいいですか？

神田　だいたい体育館は使用時間が限られていますよね。ギリギリまでシャトルでの練習が続くと思いますので、クールダウンは自宅に帰ってからでも問題ありません。ケガは疲労の蓄積です。成長痛もそう。いきなり成長痛にはならないんです。だからこそ、先ほどからお話ししているようにケアが大切なんですよね。

母親　練習でたまった疲労をとる、といっても子どもにはピンとこないかもしれませんね。なにしろ元気ですから。

神田　小学生は元気ですよね！　だからこそ、小学生のうちから練習とクールダウンのセットを習慣づけさせてあげてください。クールダウンは大人になってもやらない選手がいるんですがこの世代で習慣づけられると楽ですし、将来的にケガを減らすことにつながっていきます。

父親　これだけは最低限やっておいてほしい、というクールダウンメニューがありましたら教えてください。

クールダウンのメニュー構成

軽度の有酸素運動
ジョギング、ウォーキング、自転車エルゴメーターなど

↓

ストレッチング
静的ストレッチング、動的ストレッチング

↓

食事・入浴

↓

セルフケア
ストレッチング、マッサージなど

神田　もっともベーシックなものはジョギングとストレッチングですね。重力の関係でふくらはぎの血液は上に上がりづらいんですが、その血液を上に上げるために適しているのがジョギングなんです。練習後、または自宅に帰ってから、軽くジョギングをし、走ることによって起きる筋肉のポンプ作用を利用して血液を循環させます。時間にして3分から5分程度と短いもので構いません。その後、さらにストレッチングで硬くなった筋肉を伸ばしてあげると血行がよくなります。これは10分程度やってあげるといいですね。また、自宅に帰るとジョギングする環境がないということであればストレッチングだけでもやりましょう。

母親　走るのにも適した環境があるんですか？

神田　あります。自宅の近くというと、多くはアスファルトの道路ではないかと思います。けれども、ジョギングをするのに道路はあまりおすすめしたい環境ではないんです。というのは、アスファルトはクッション性がないため力を吸収してくれません。まっすぐな道に見えて、実は雨水を流したりするために両脇に向けてわずかに傾いているなど、走ることで足に負担がかかるような場所が多いんですね。とくに、成長期は骨がまだ弱いので少し気をつけてあげたほうがいいです。でも、これを言いだすと体育館が一番ということになってしまいます。

母親　よく道路でジョギングさせていましたが、そんなことがあるとは考えていませんでした。

神田　そういった方は多いと思います。でも、骨がやわらかいうちにダメージを受けると変形してしまうことがあるんですよ。リスクとしては低いですが、ないとは言えない。先ほどお話ししたように、今の子どもたちは外で遊んでいないから骨がもろい子が多い。ヒザやかかと以外にも足首の骨にも要注意です。くるぶしの内側には舟状《しゅうじょう》骨《こつ》という骨があるのですが、その骨が筋肉が引っ張られることによって痛くなったり、足の機能が低下して足首が不安定になってしまったりすることもあります。

廣瀬　近年、子どもの足首が硬くなっているという話を聞いたことがあります。

神田　そうなんです。たとえば、両足を閉じてしゃがむとしますよね。これができない子が増えています。しゃがめないのは足首が硬い証拠なんです。足首が硬いとケガにつながるばかりか、バドミントンのパフォーマンスにも悪影響が出るので、足首まわりのストレッチングを十分に行っていただきたいです。また、足の指が使えない子も多いですよ。床につけた足の指が浮いてしまう子は、重心が後ろにあるということを示しています。足裏全体が床についていれば足全体でしっかり床を押すことができますが、足の指が床につかないとしっかり踏み込むことができない。つまり、足裏全体がコートにつくことでパフォーマンスが上がるんです。足の指が使えない人は、ぜひトレーニングしてください。やりかたはかんたんです。足の指での「グー、パー」を繰り返すだけ。足の指のトレーニングはほかにもさまざまありますが、まずはこのトレーニングを今日から加えてみてください。とくに足の指を使えていない人はパーがしにくいことが多いので、しっかり大きくパーができるようにやってみましょう。

水分はこまめに摂取する

廣瀬　ほかにも気になることといえば、水分のとりかたです。練習中にも水分補給は必要ですが、理想的な飲むタイミングはありますか？　私が選手のときには栄養指導の時間があり、「こまめに」と教えていただきました。

神田　それが大事です。水分摂取でやりがちなのが、のどが渇いてからゴクゴクと飲むこと。でも、実は水分を補給するという意味でこれでは遅いんです。なぜかというと、飲みかたによって変わってきますが、水分が体に吸収されるまでに30分程度の時間がかかるからです。体のなかの水分が2パーセント落ちると、パフォーマンスは明らかに低下します。そのため、試合開始時間の2、3時間前から少しずつ、合計約1

効果的な水分補給のタイミング例

試合2、3時間前〜試合直前

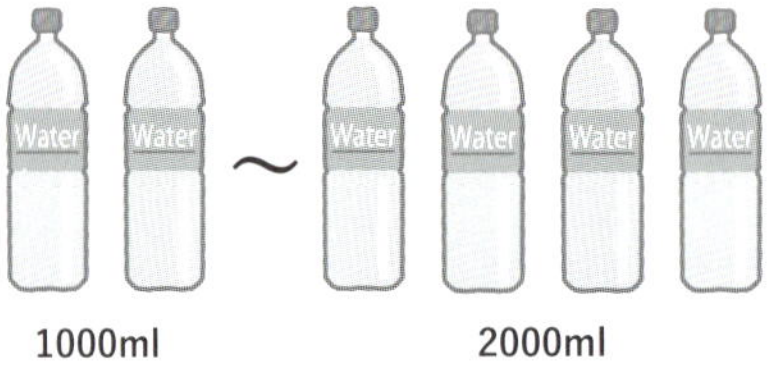

とくに汗をかく環境の場合はいつもより多めにとること

試合中

のどが渇いていなくてもタイミングがあればこまめにとること

試合後

試合中に失われた水分を補給する。また、試合後も発汗は続くのでこまめにとること

■１回の飲みかた：１回に飲む量はコップ1杯程度。多くても200ml。こまめにとることが大切。

■試合や練習前後に体重を測って、しっかりと水分補給できているかチェックすることも大切リットル程度の水分を補給し、試合に備えてもらいたいですね。ただ、これには個人差があり、時期によっても量は変わります。

母親　さらに気をつけることはありますか？

神田　一番気になるのは、試合前のアップのときにまったく水分をとらないことです。水分不足で体のなかの血液がドロドロになり、足がつるなどベストパフォーマンスが発揮できなくなってしまいます。

父親　水分補給に最適なのは水ですか？　スポーツドリンクですか？

神田　基本的にスポーツドリンクがいいですね。汗の成分には水分だけでなく塩分も含まれます。また、バドミントンは動きの激しいスポーツなので運動中のエネルギー補給も必要になってきます。スポーツドリンクは塩分とエネルギーとなる糖分がバランスよく入っているので、特別な理由がない限りはスポーツドリンクを選択したほうがよいです。スポーツドリンクの種類についてはいろいろありますが、飲みやすく自分の好みの味のものを選択すればよいと思います。

母親　水分がしっかり補給できているかどうか、どうやったらわかりますか？

神田　練習の前後に体重を計ることでわかります。練習後の体重が練習前より仮に3キロ減っていたら、それだけ水分が出てしまったということ。3キロ分の水分が足りていないということになります。

廣瀬　私は練習後の体重が減らなかったです。

神田　それは水分補給がうまくいっているということですね。水分補給のやりかたとしてはベストです。廣瀬さんはそれだけ気をつけていたんですね。勘違いしている方がときどきいらっしゃるのですが、2、3時間の運動では脂肪は減りません。減っているのは水分なんです。体重が減っていると喜ばないで、体が水分を必要としているととらえてほしいですね。

冬は動的ストレッチングでクールダウン夏は食事から塩分補給を

母親　冬と夏のケアの違いも気になります。

神田　クールダウンなら、ただ止まって行うストレッチングは夏場にはいいのですが、冬場に同じことをやると体がすぐに冷えてしまいます。冬は、動きをともなったストレッチングを行うことをおすすめします。関節の可動域を広げる動きがいいですね。立った状態で足を前後に大きく振る、腕を横に大きく開く、仰向けで体を交互にひねる。股関節、胸部、肩といったバドミントンで大きく動かす部分を中心に、なるべく動かせる範囲いっぱいの大きな動きでストレッチングを行ったほうがいいです。

母親　それでも、冬の体育館は寒いので、練習後の汗をかいた状態でやると風邪をひいてしまいそうで心配です。

神田　練習とクールダウンはセットと言いましたが、冬場は自宅に帰ってから暖かな部屋でやるといいでしょう。それでも十分効果はあります。

母親　では、夏場はどんなことに気をつけるといいでしょうか。

神田　練習で必要なのはみなさんご存知の通り、水分と塩分です。近頃、日本の夏は本当に暑いので、日常生活でもみなさんかなり気をつけていることと思います。だからこそ、スポーツをしているからよけいにとらなければいけないのではないか、と思いますよね。実は毎日の食事で対応できるんです。

母親　えっ、そうなんですか？

神田　和食だと食事にみそ汁が添えられますよね。これで塩分補給ができます。そこに梅干しや焼き魚などを加えると十分な塩分量がとれるんです。

母親　難しく考えなくていいんですね！　安心しました。

寝ることは育つこと

母親　日常生活で心がけるといいのは、どんなことですか？

神田　睡眠ですね。まず生活リズムを意識する。何時に起きて、いつ食事をして、ということですね。規則正しいリズムがまず大切になってきます。

母親　睡眠時間はどのくらいが適切ですか？

神田　これには個人差がありますので一概には言えませんが、一般的に7～8時間、成長期は8～10時間程度とされています。

母親　うちの子にはどのくらいの睡眠時間が合っているのかを知るにはどうしたらいいですか？

神田　睡眠が足りているかどうかを見極めるのは、翌日体がすっきりしているかどうか、が判断基準です。7時間だと少し眠くて体が重いけど、8時間だとすっきりしているなど何パターンか試してみて、自分にとってのベストな睡眠時間を見つけてください。大事な試合で寝不足なんていうことにならないよう、試合までに知っておきたいですね。

母親　うちの子は、自宅に帰ってからゲームをやっていて寝るのが遅いんです。

神田　子どもの自主性を育むためには子どもに責任を持たせ、親はあまり口を出さないほうがいいでしょうが、睡眠だけは別。成長に関係してきますので、ある程度、遅い時間にならないよう就寝させることは必要かもしれませんね。

父親　ゲームといえば、動画が好きで、練習から帰ると見たがるんです。それならバドミントンにつながるものをと思って、トッププレーヤーのものを見せているんですが役に立ちますか？

神田　とてもいいですね！　正しい動き、フォームを身につけるにはイメージが大切になってきます。このイメージづくりに役立つのが動画です。正しい動きをイメージしてやるのと、イメージを持たないでやるのとでは、練習効果が変わってきます。さまざまな選手たちの動画がありますので、きれいだな、かっこいいなと思う選手の動画をたくさん見て、練習でやってみてください。

父親　そのほか、私たち親にできることはありますか？

神田　そうですね。競技をやるのはあくまで子どもたち。では、私たち親に何ができるのだろうかというと、やはり環境づくりだと思います。過保護になるということでなく、いいプレーを見せるなどの環境づくりをし、あとは本人に責任を持たせ、必要なときにだけ手を貸して見守る。ここが重要だと思いますね。試合のコートに立つのは選手ひとりです。そこで自己判断できるよう、自立した選手に育てていただきたいですね。

母親　自分で考えられるように導くことが親の役目ということですね。

神田　日常生活で何を食べるか、何時間寝るとベストな状態なのか、ケガを抱えて何ができるか。こうしたことは結局、親が言うからではなく、自分で決めなければいけないことなんですね。親にできるのは、その選択肢をいくつか示してあげることくらいでしょうか。

廣瀬　こんな方法があるよ、あんな方法もあるよと子どもに伝えるということですね。お話をうかがって、改めてケガは自分で気をつけることで回避できる部分も大きいと感じました。

神田　自分の体と周りの環境を少し意識することで、実はケガを減らすことができるんです。体で硬い部分があればストレッチングをしてやわらかくしておく、きれいな正しいフォームを身につける。環境としては、慣れない体育館やコートでプレーすることになればまずは軽くフットワークをやって感触をチェックする。床の状態は滑るコートか、止まりすぎるコートか。シャトルを打つことで見えかたや風があるかどうかなど、可能であれば細部までチェックします。とくに将来、トップ選手を目指し、日本代表として活躍することを目標とするのなら、いろんなコートでプレーする機会があります。子どものうちから環境を意識することはパフォーマンスとしても大事ですし、ケガのリスクを減らすことにもつながります。かんたんにできることと難しいことがありますが、意識するかしないかが継続できるかどうかの差になります。今からぜひ心がけてもらい、できるところから少しずつ取り組んでもらいたいですね。これだけやっておけばいいというスペシャルなことはありません。地道ですが、一つひとつの積み重ねが大きな力になります。そのためにも親としては子どもを信じ、見守ってあげることが一番かなと思います。

第1章の習慣（まとめ）

1 まずは重さを使わない
トレーニングで体幹を中心に鍛える

2 自分の体を正しく動かせることが
もっとも重要

3 成長期のトレーニングは
きつさより正しいフォームを重視

4 異なる競技や動きは基礎体力を養う

5 親の役割は環境や機会を与えること

6 正しい動きはケガ予防につながる

7 成長痛など痛みを感じたら
自己判断せず、医師の診察を受ける

8 ケガしたときは、将来を考えて
休む勇気も必要

第2章

よい動きとはどんな動きですか？

元日本代表で理学療法士　片山卓哉さんに聞く

神田潤一さんにお会いした帰り道、私たちは「勉強になったね」と声を揃えた。同時に「正しい動き、正しいフォームとはどういうことなのか」という疑問にあたった。話の最中はわかったつもりでいたが、いざ、言葉にしようとすると3人ともできなかった。親の視点に立ち、スポーツをまだ本格的にやったことがない子どもに、どのように教えたらいいのかわからなかった。バドミントンのプレーは細かな技術の連続だ。技術は基本がなければ崩れてしまう。基本があってこその、テクニックである。それならば、専門家に教えを乞おう。

バドミントンの動きのプロといえば、片山卓哉さんだ。この名前に「片山／久保田」というペアが思い浮かんだ方も多いことと思う。パートナーの久保田雄三さんと日本男子ダブルス界のトップ選手として活躍し、全日本総合で二度の優勝を果たした。引退後は理学療法士となり、オリンピックで活躍する選手をはじめ多くのトップ選手を動きの面からサポートしている。

片山さんは「よい動き」という言葉を使って、バドミントンを始めたばかりの初心者に向けて講義を始めてくれた。

バドミントンで動けるとは球を打てる、球を返せるということ

片山　まず、僕から質問させてください。バドミントンで「動ける」とはどういうことだと思いますか？

父親　うーん、コート内をスムーズに動けるということでしょうか。

片山　ということは？　何が重要になりますか？

父親　フットワークですか？

片山　バドミントンは羽根を追いかけ、コート内を前後左右に動きながらプレーする競技ですから、足を動かすことは非常に重要です。でも、バドミントンのプレーの本質を考えると、コートを自由に動けることが一番大切なことではないですよね。大切なのは、相手の打った球に反応し、相手コートに打ち返せること。そして、もうひとつは、有利な展開にもっていくための積極的な攻撃ができること。それができるなら、極端なことをいえば、たとえ動かなくても羽根を返すことができればいい、ということになります。確かに、「動ける」ということだけを考えるとフットワークを連想し

がちですが、バドミントンという競技は羽根を相手コートに落とすことが目的であって、フットワークが目的ではないんですよね。

父親　なるほど。

片山　以前、あるおとうさんから「うちの子は動き出しが遅いんです。どうしたらいいですか」という相談を受けたことがあります。なぜ遅いと思うのかと聞いたら、「ラウンドがとれない」という答えが返ってきたんですよ。それは打ちかたが悪いのかもしれないとおっしゃって、下半身の強化や体幹が必要なのではないかという話に続いたんですね。でも、そのおとうさんの話を突き詰めると、要はラウンドの球がとれればいいということなんですよね。

父親　そうなりますね。

片山　選手にしてみると、球がとれて相手コートに返せると、動きに対して何も不具合は感じません。それは球が返せているからです。反対に、球がとれないと、選手は動けていないととらえるようになります。そこから、体幹の問題、動きの問題、打ちかたの問題、戦術の問題などいろいろと出てくるわけです。つまり、選手にとっては動けるだけではなく、相手の打った球に反応して、その球を相手コートに返すこと、有利な展開に持ちこみ、積極的な攻撃ができること、がなにより重要なのです。バドミントンではフットワークが大切だという考えかたもありますが、羽根を打つこと・返すことがやっぱりプレーの基本で、フットワークはそれをつなぐものにすぎないというのが僕の考えです。では、自由に球を打ち返せることを目的とした体とは何かを考えていきましょう。

よい動きのためには骨盤が立つことが大切

父親　コート内を自在に動いて、相手の球に反応して打ち返す。理想的なプレーを生み出す体にするには、まず何が必要ですか？

片山　なにより姿勢が重要です。

母親　姿勢ですか？

片山　はい。姿勢とは重力に対してバランスをとっているときの体のことで、ふたつの姿勢という見方がある、というのが僕の考えです。ひとつはニュートラルな状態の姿勢です。いわゆる、止まった状態の姿勢。もうひとつが、動作時の姿勢の変化です。動いているときは姿勢が流動的に変わりますね。

父親　確かに、動いているときの姿勢はいろいろと変わりますね。

片山　まず、一般的にいわれている理想的な基本姿勢とはどんな姿勢かというと、「頭頂部」「耳」「肩」「太もも付け根の外側」「ヒザのお皿の内側」「内くるぶしの前側」という6か所が一直線で結べる状態と定義されています。ここがしっかり直線になると、「よい姿勢」となります。

母親　一般的に、ということは、スポーツ選手にとってのよい姿勢はまた別ということですか？

片山　一流選手の「よい姿勢」を考えてみるといいでしょう。立位だけではなく、開脚した姿勢を見ていただくと、よい指標になります。足を開いたときに骨盤がしっかり立っている状態です。

父親　骨盤ですか？

片山　はい。ポイントは両足をよく開くことよりも、骨盤が立つこと。腰骨が立つとも言い、腰から背骨にかけて立つことが大切です。両足が開けばさらによしというところですね。つまり、座ったときにしっかり骨盤を立てた開脚姿勢がとれるということが、一流選手の共通点です。背中から骨盤のラインがまっすぐになっているのが理想です。

父親　それにしても、骨盤が立つことがアスリートにとってのよい姿勢につながると

理想的な基本姿勢

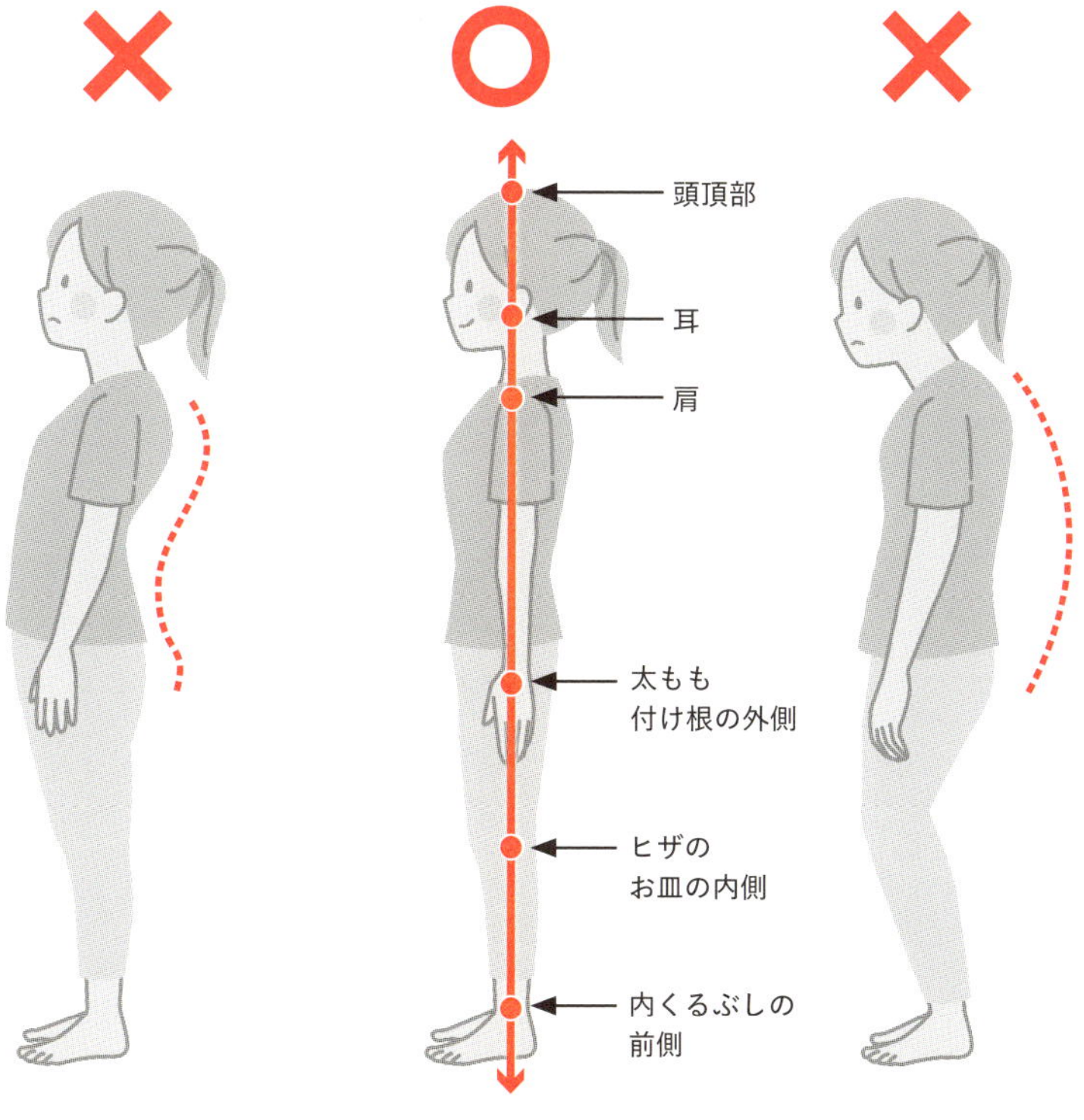

頭頂部、耳、肩、太もも付け根の外側、ヒザのお皿の内側、内くるぶしの前側が一直線になるのが理想の姿勢

一流選手のよい姿勢

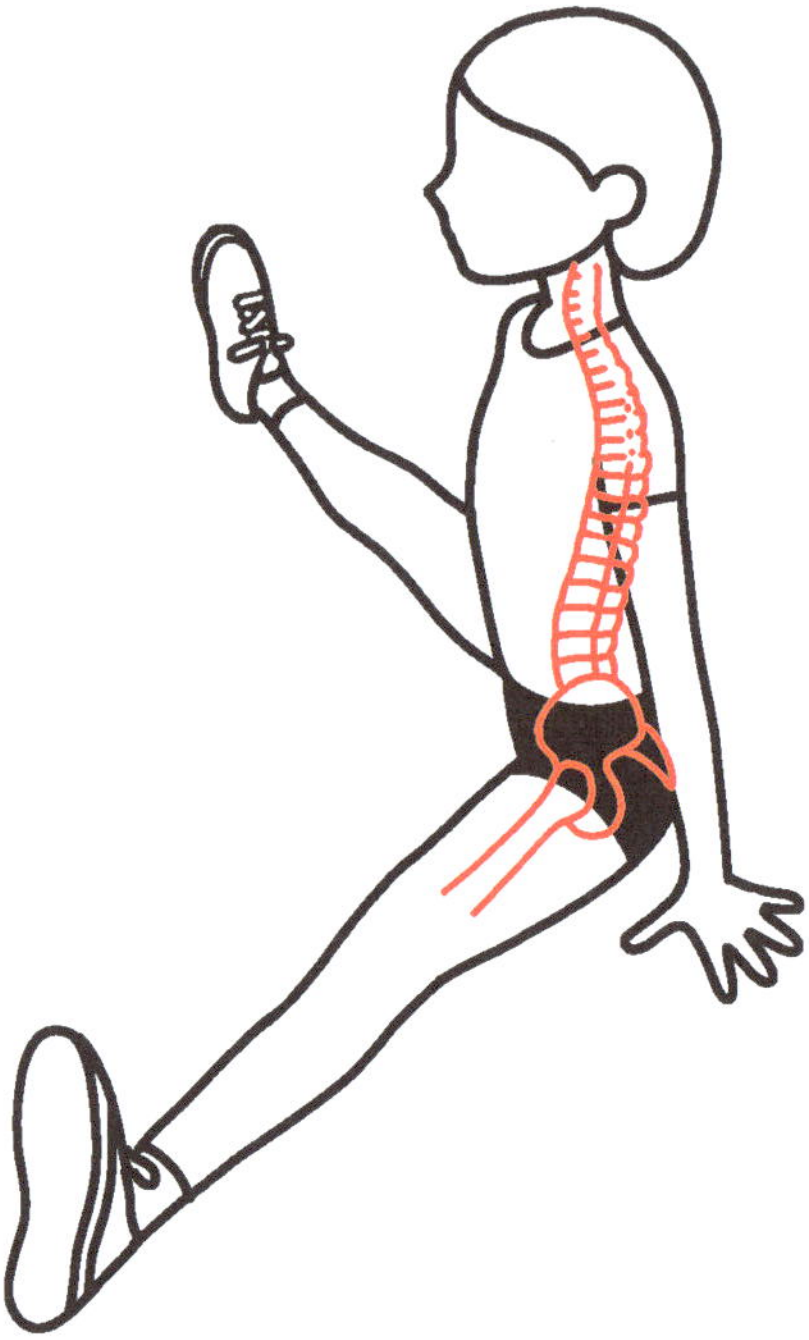

しっかり骨盤を立てている

骨盤の役割は

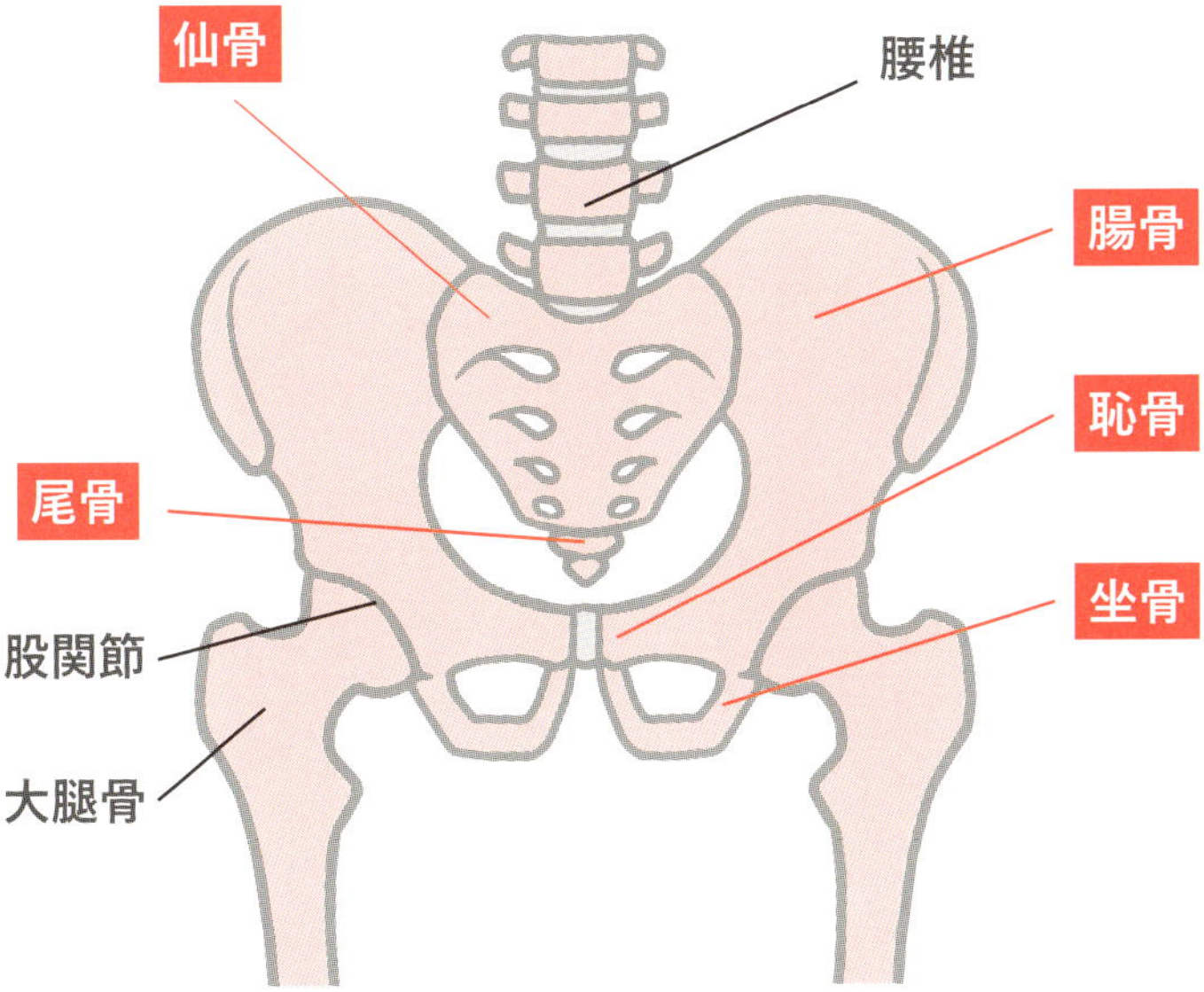

骨盤は上半身と下半身をつなぐ部位。仙骨、腸骨、坐骨などから成る。上半身を支える・姿勢や歩行を支える・座るときに体を支える・内臓を守るなどの役割がある

いうのは、どういうことでしょうか？

片山　前後に傾くことなくしっかり骨盤が立つということは、体幹の「腸腰筋」が効果的に使える状態になると考えています。

母親　腸腰筋を鍛えるとお腹の引き締めにつながるということは聞いたことがあります。その腸腰筋ですか？　詳しく教えてください。

片山　腸腰筋は背骨、骨盤の内側から太ももの付け根のあたりにかけて斜めに通っている、体幹と下肢をつないでいる重要な筋肉です。背骨から股関節につながる「大腰筋」と、骨盤の内側から股関節につながる「腸骨筋」から成っています。この骨盤と腸腰筋の関係ですが、骨盤が適切な位置をとると腸腰筋がしっかり働くのに適した位置になり、さまざまな能力を発揮する状態となります。要するに、骨盤が立った状態にすれば、動きに必要な筋肉がより効果的に働くということになるんです。それに対して、体が丸く湾曲したような状態になると骨盤が傾いてしまうため、腰椎の位置がずれ、せっかくの腸腰筋の作用がかぎられてしまうということになります。

父親　少しずつわかってきました。

片山　もっというと、骨盤が立つことは、体がニュートラルポジションをとるということなんですね。ニュートラルな、つまり中立な位置にあるから体はさまざまな動き

腸腰筋

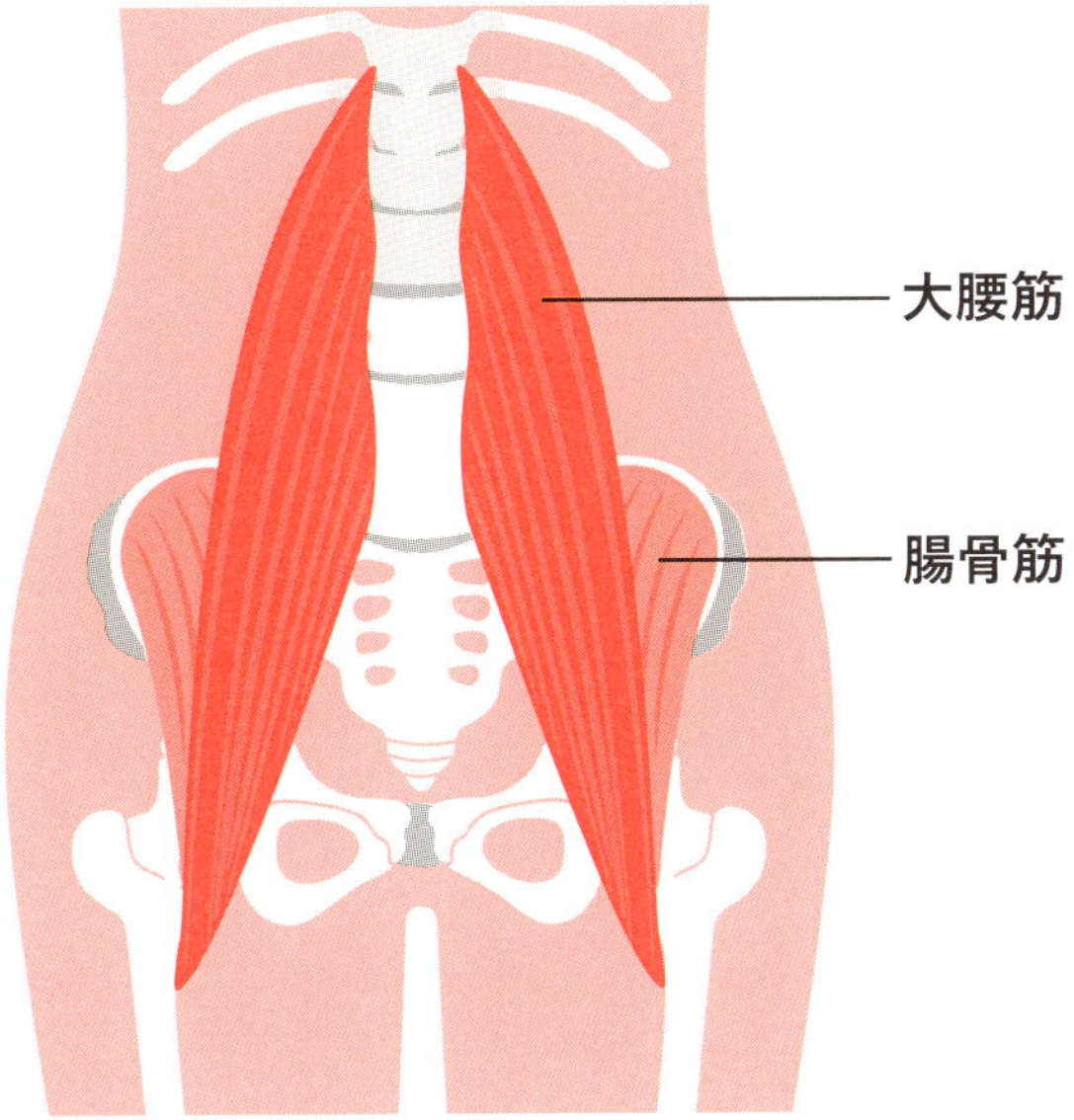

腰椎3番目から見た筋肉の位置

上面図

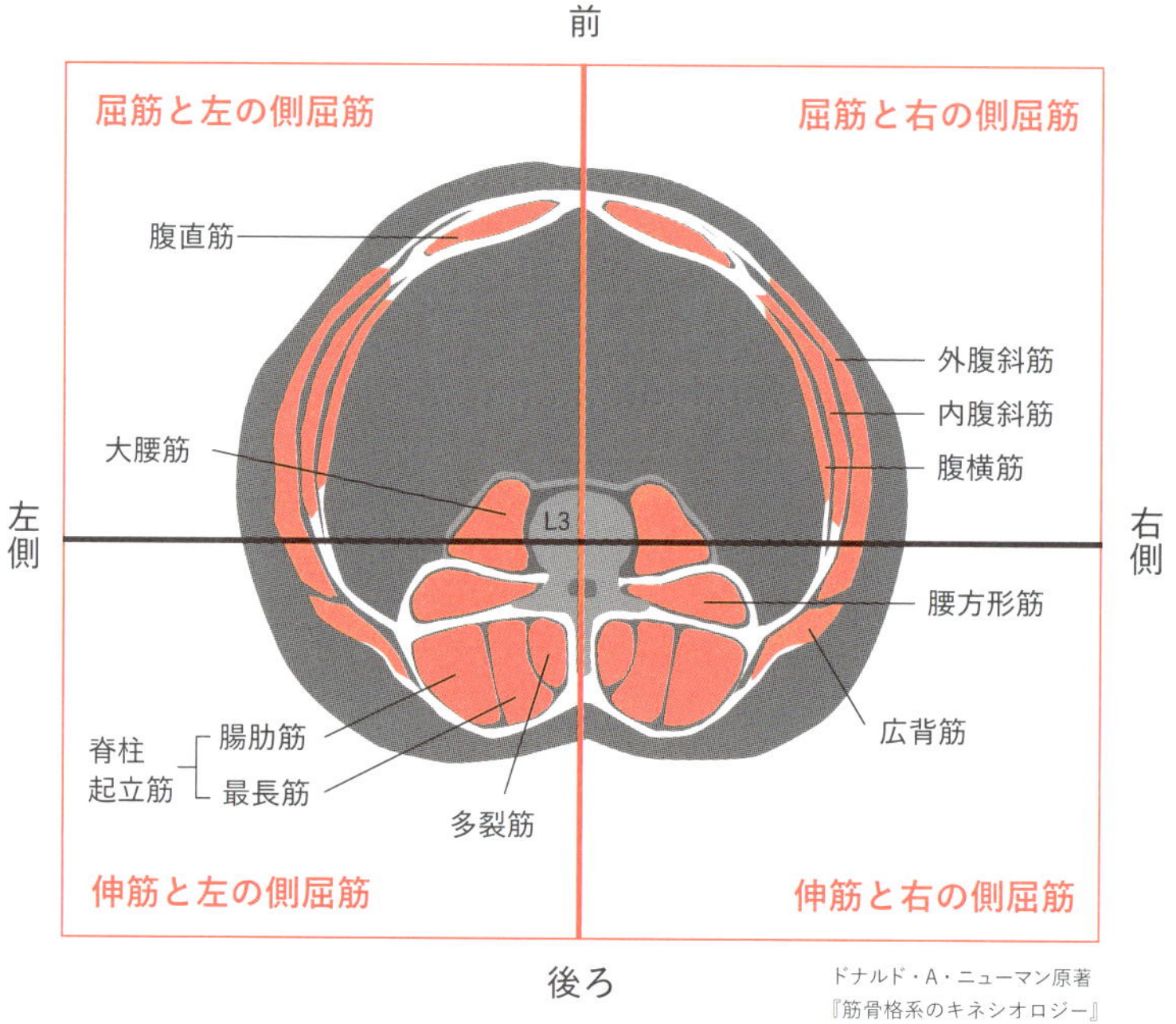

ドナルド・A・ニューマン原著
『筋骨格系のキネシオロジー』
（医歯薬出版株式会社）参考

仰向けで頭を手前にして寝たときに、５つある腰椎のうちの３番目（Ｌ３）の部分でカットした場合の断面図。骨盤が立っていれば、腸腰筋（この角度からは大腰筋のみ見えている）とその他の筋肉、腰椎が、図の位置関係になる。なお、図の上部にある「屈筋と側屈筋」とは体を前に畳んだり、横に倒したりする筋肉で、図の下部にある「伸筋と側屈筋」は体を後ろに倒したり、横に倒したりする筋肉。大腰筋はどちらにもまたがる大事な筋肉だとわかるをすることができ、またいろんな動きをすることで、大腰筋が鍛えられます。実はこの大腰筋、ここだけ鍛えようとしても鍛えられない筋肉で、使うことで鍛えられるんです。だからこそ、使える状態にすることはとても大切なわけです。

悪い姿勢は初動の遅れにつながる

父親　なるほど、骨盤の位置は体にとって重要なことだったんですね。

片山　はい。腸腰筋がもっともいい位置にくることで、姿勢を維持するのに大切な大腰筋が効果的に働くことにつながります。これがよい姿勢と骨盤の関係ですね。

母親　では、悪い姿勢というのはどういう姿勢ですか？　猫背の姿勢でしょうか。

片山　そうですね。一般的に、猫背は悪い姿勢といわれていますが、僕はよい姿勢から逸脱した姿勢を悪い姿勢と考えています。その悪い姿勢の一例として、骨盤が後ろに傾き、体も後ろに倒れ気味のいわゆる猫背の体勢があります。この状態だと踏ん張って立つことになるので、自然に太ももの前に負荷がかかります。このため、太ももの前にある大腿四頭筋が過剰に働くことになって硬くなり、動きに重要な臀筋（お尻の筋肉）やハムストリングス（太もも裏の筋肉）も効果的に使うことができなくなっ

悪い姿勢の例

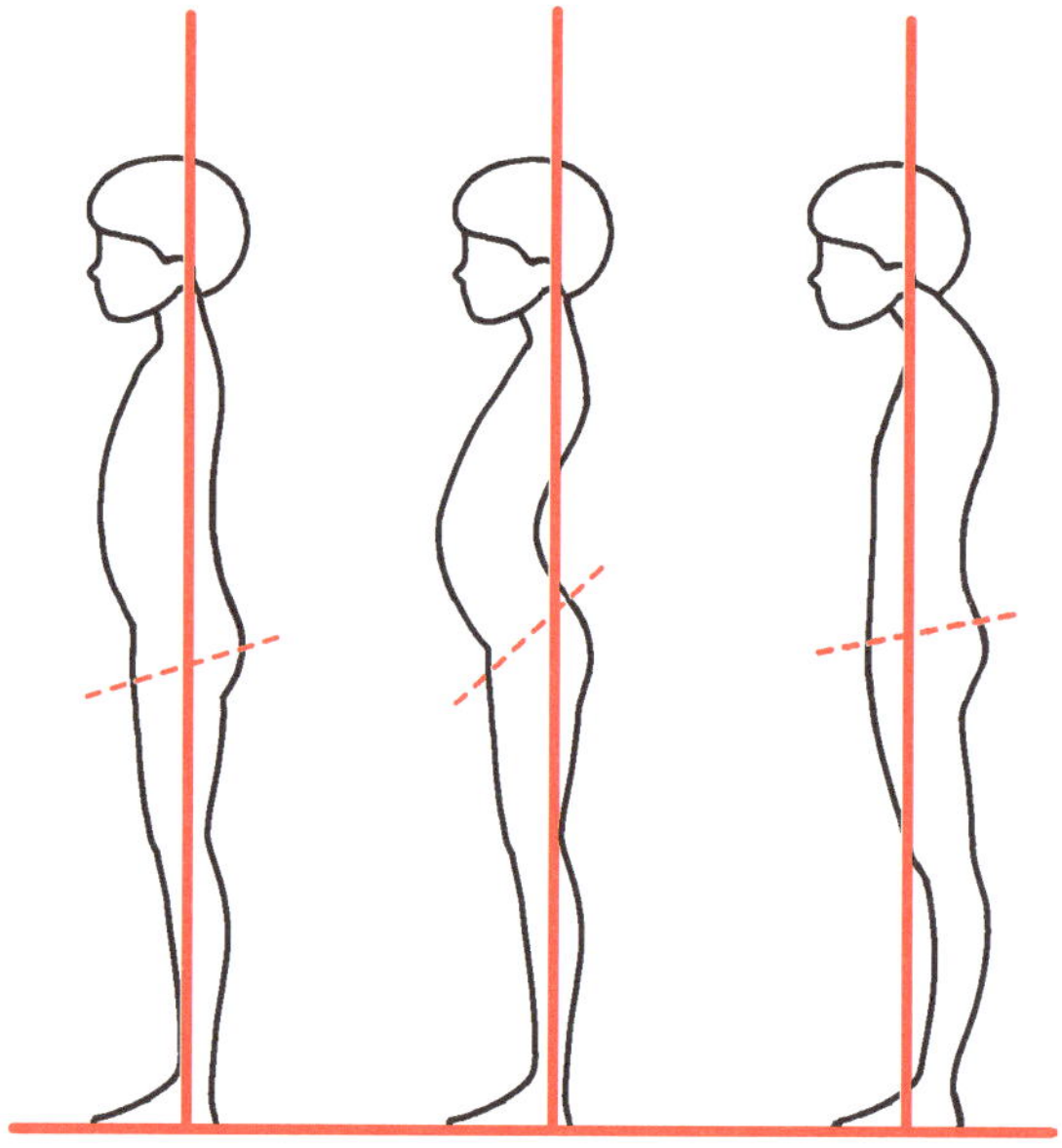

左がよい姿勢。右が、骨盤が後傾して猫背になっている例

てしまうんです。

母親　そういうところにつながっていくんですね。

片山　問題は、悪い姿勢は初動時の遅れにつながってしまう点です。

父親　それはどうしてですか？

片山　一例をかんたんにあげると、後方重心になってしまうということなのです。後方重心というのは、重心が後ろにきている状態。つまり、よい姿勢のときは基本姿勢でまっすぐ結んだ線の中心あたりに重心がくるのですが、後方重心の場合、この線がゆるやかなカーブを描き、中心の位置より後ろ、くるぶしよりも後ろの位置に重心がきてしまうことになります。初動時に重心が後方にあると、動き出したときに自然に頭が上がる、つまり重心が上がってしまうんです。

廣瀬　そういった姿勢でプレーをしている選手を見たことがあります。

片山　そうでしょう。実は非常に多いんです。それに対して一流選手たちは、前に出るときも後ろに下がるときも初動時には中心にあった重心がぶれない、むしろ下に下がります。下にすっと下がって動いている。ムダな動きがないんですよ。この初動時に頭が上がる動きがムダで、それが遅れにつながってしまっている。僕は常々、この部分を改善すべきだと思っています。

後方重心

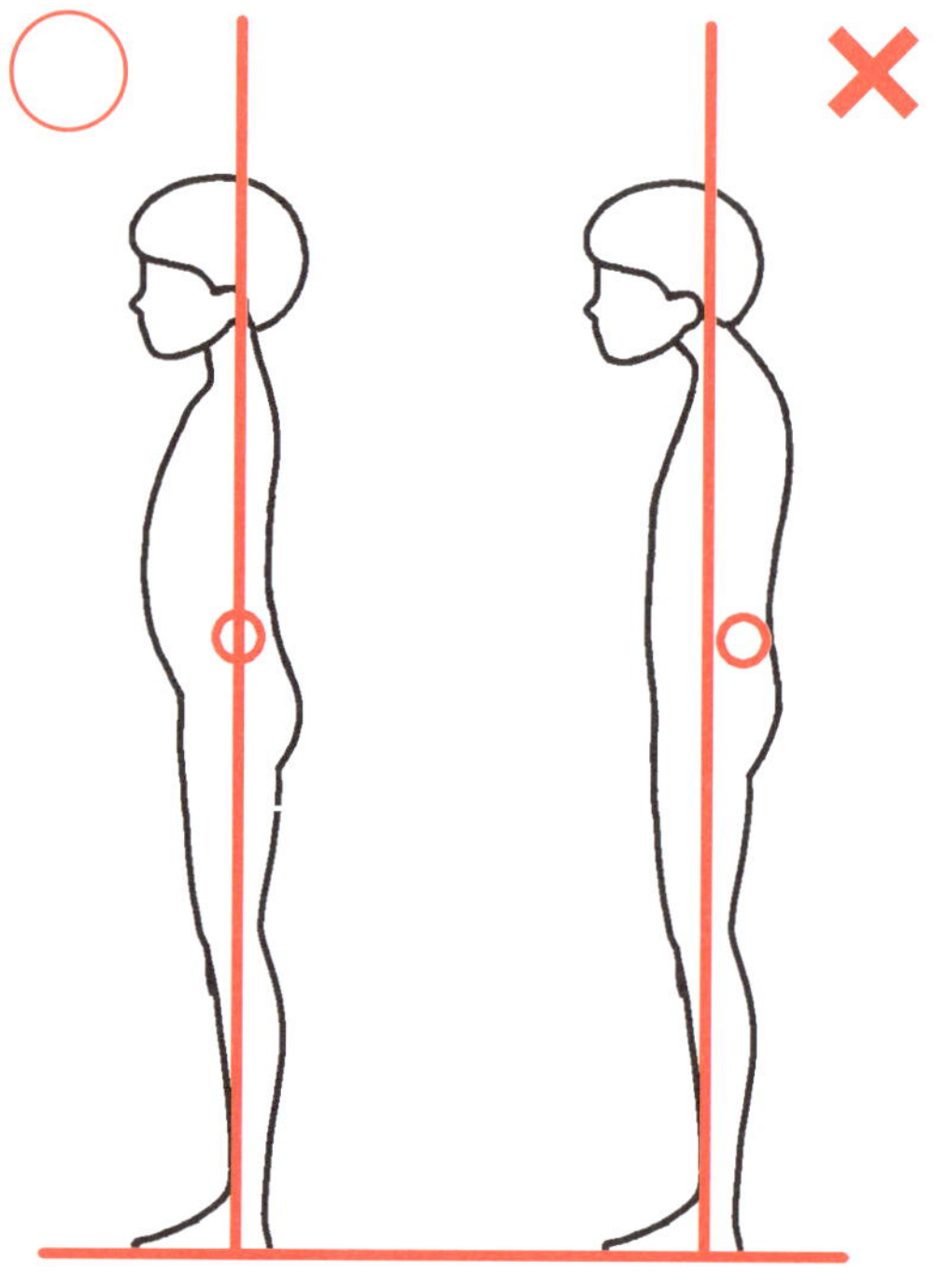

骨盤が後傾した悪い姿勢では重心の位置が後ろになる

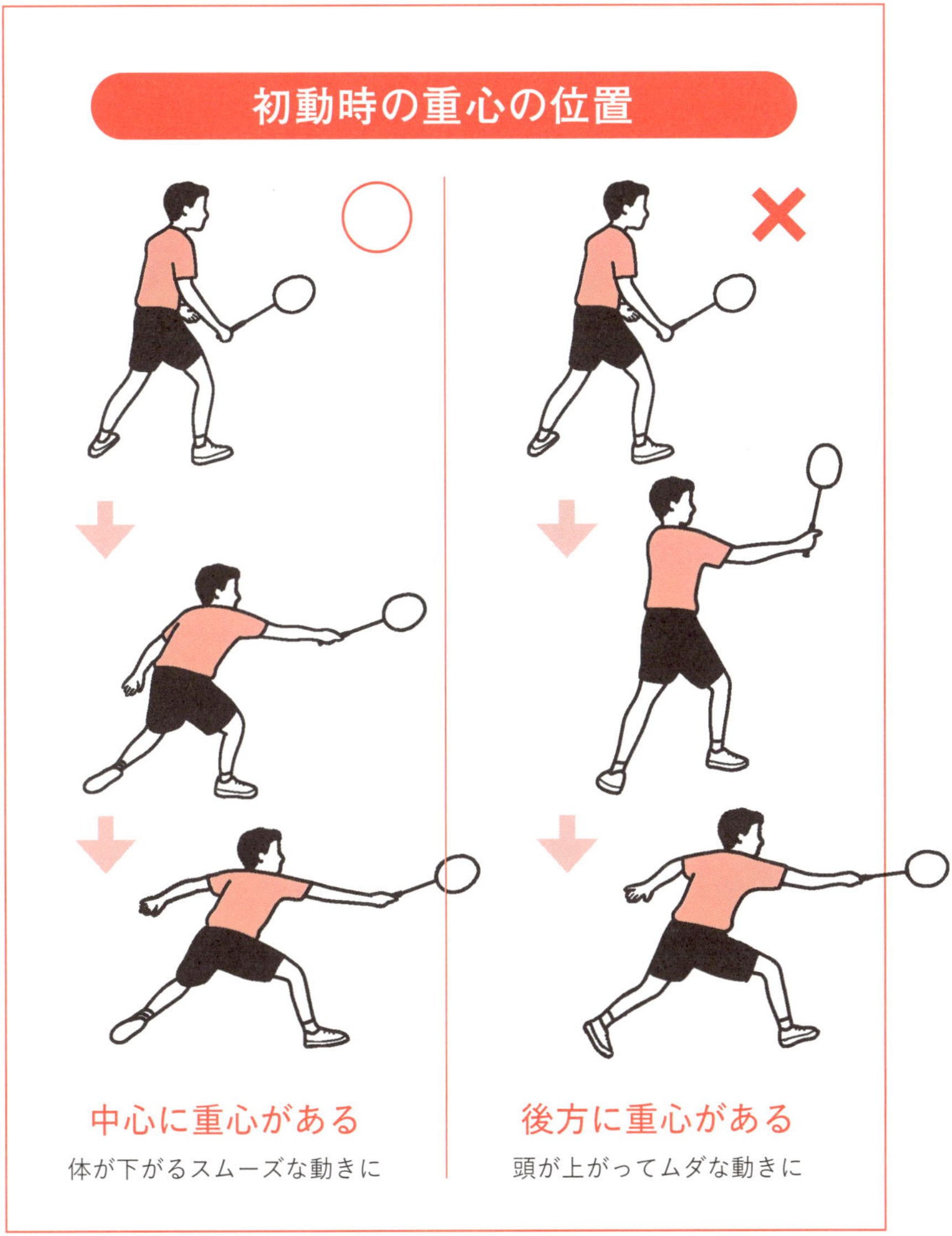
初動時の重心の位置
中心に重心がある
体が下がるスムーズな動きに
後方に重心がある
頭が上がってムダな動きに

廣瀬　ということは、初動だけでなくほかにも影響があるということですよね。

片山　さまざまありますが、動き出しの遅さのほか、前の球がとりにくい、オーバーヘッドを打ったあと前に戻りにくい、スマッシュが打ちにくいといったことがあげられます。

姿勢が悪くなってしまう原因とは

父親　そのような悪い姿勢にならないためにはどうしたらいいんでしょうか？

片山　よくするためには、「悪くする原因をなくす」、「改善するためのトレーニング」というふたつの方法があります。まず悪くする原因から考えてみましょう。これはコートの中というより、日常の習慣が大きいのです。ひとつが、首が前に出る姿勢です。近頃「スマホ首」と呼ばれているものです。

母親　スマホを見すぎてなってしまうという症状ですか？

片山　はい。正式には「ストレートネック」といい、首の骨のカーブがなくなり、まっすぐな状態になってしまっていることを指しています。おっしゃる通り、スマートフォンなどをうつむいた状態で見続けたことが大きな原因になります。原因をなくすためには、うつむく状態をなくすこと。たとえば、スマホは姿勢を意識して見るようにするといいでしょう。また使用後、上を向いたり、背中を伸ばしたりするといいですよ。

母親　スマホを見る姿勢を意識すればいいのですね。首が前に出ることのほかに、姿勢を悪くする原因はどこにありますか。

片山　もうひとつが、腰が落ちた姿勢になっていること。要するに、首が前に出る、腰が丸く落ちた状態になる、このふたつがよくない姿勢だということです。この状態になりやすいのが、椅子やソファーにだらっと座ってしまうこと。家でリラックスすることは必要ですが、座るときは骨盤を立てるよう意識しましょう。だらっと座って勉強する、スマホを見るなどといったときは首が前に出やすいので、親御さんはぜひお子さんの姿を見て、気をつけてあげてください。

体の前側を反らせてやわらかくするといい

父親　わが家は親子でそうなっています。子どもに注意する前に自分も正さないといけないですね。矯正、改善するトレーニングがあるということでしたが。

片山　さまざまなトレーニングがありますが、もっともかんたんな例をあげておきます。それが、体の前側を反らせる練習です。前屈も効果的なトレーニングですが、前面が硬い人が多いので、骨盤を立たせるためにはまず体の前を柔軟に、やわらかくするこのメニューから始めたほうがいいと思います。うつ伏せになった状態から上体を起こす。アゴまでしっかりと反らします。

父親　このトレーニングのポイントは何かありますか？

片山　ただアゴを上げ、上体を反らせるだけでなく、目もしっかりと上を見るとさらに効果的です。右斜め上、左斜め上と交互に目を動かしてください。

廣瀬　それはなんのためですか？

片山　バドミントンでは飛んでいるシャトルを目で追い続けます。目が誘導して体が動いています。そのため目の動きがよくなければいけないんですが、スマホなどを見続けていると目は下を見続けていることになり、これが目の動きを悪くしてしまうんです。目の動きが悪いと見えるところまで体を動かさなければならなくなり、ムダな動きが出てくるんですよね。ちなみにこのトレーニングは、インドネシアのアンソニー・ギンティン選手が試合のアップでやっているものです。

廣瀬　なるほど、そういうことなんですね。

体の前側を反らせる練習1

上体起こし

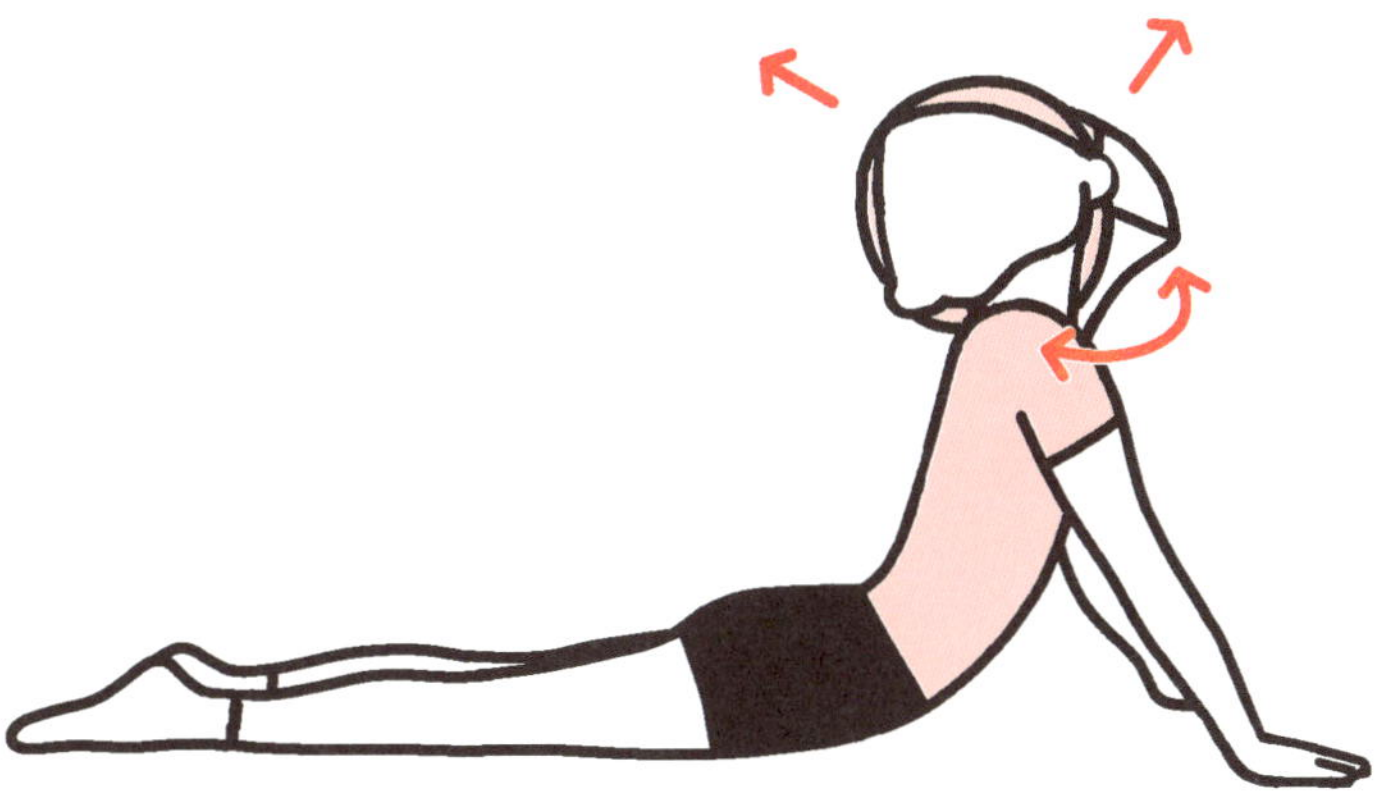

上体を起こしてアゴまで反らす。右斜め上と左斜め上に首ごと目を動かす

片山　もうひとつ、**キャット&ドッグ**というトレーニングもあります。床に両手、両ヒザをついて四つん這いになり、骨盤から動き出し後傾させ、背中を丸めていきます。次に骨盤から動かして前傾させ、背中を反らせます。**四股**《しこ》も骨盤を立たすためには有効です。お相撲さんをマネしてやってみてください。

廣瀬　どれも自宅でもかんたんにできるトレーニングですね。

片山　ひとつ注意点としては、どんなによい薬にも副作用があるのと一緒で、**よくしようとすると、悪いことも起きる可能性があるということ**。たとえば、よい姿勢をとろうと背中を反らせることに意識がいってしまい、お腹の力が抜けてしまう、反り腰になってしまうということがあげられます。また、背中を丸める姿勢が悪いと言いましたが、背中を丸める能力を必要とするプレーも実はあります。ネット際のプレーなどですね。よい姿勢をとろうと意識しすぎることで背中を丸める動作の能力が落ち、動きが硬くなってしまうということも考えられます。それらを避けるためには、やはりキャット&ドッグのような**動きを通して姿勢を改善していく**ことをおすすめしたいですね。体にゆがみが出ているなら、さまざまな動きをすることでいい姿勢をつくっていくというわけです。また、普段のストレッチなどでも左右同じ回数を行うのではなく、やりにくい側の回数を増やすということもひとつの方法です。まずはニュート

体の前側を反らせる練習２

キャット＆ドッグ

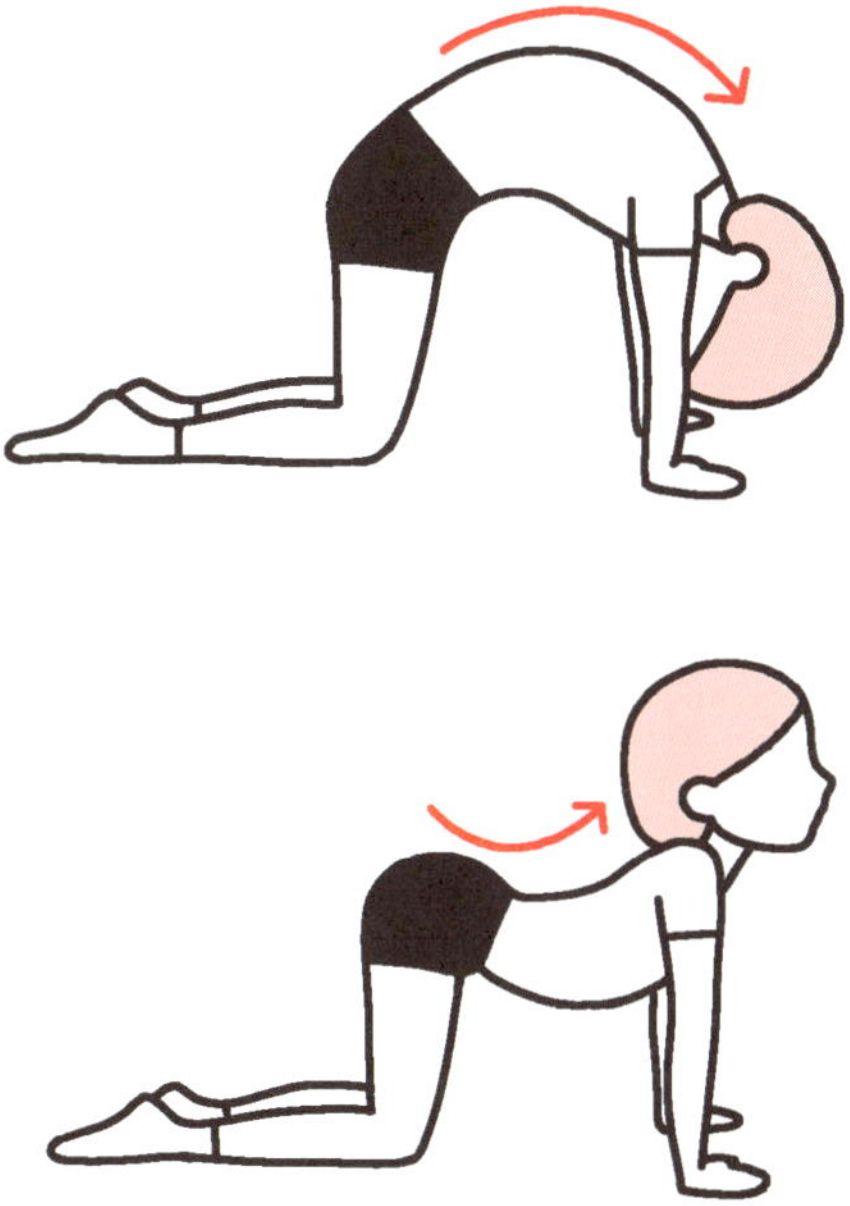

四つん這いになり、骨盤から動き出し
背中を丸める、反らすを繰り返す

ラルな状態を目指してもらいたいなと思います。

動くことは重心移動を行うこと

父親　動ける体の基本が少しわかってきました。

片山　そこを理解していただいたら、次は動くとは何かを考えていきましょう。まず基本的なことから。人は地面から押し返してくる反作用で前に進んでいて、前に進むこととは、重心移動の連続でもあります。重心を移動させ、地面からの反作用で前後、左右に人は動いているということになります。だから、重心移動というのは非常に重要。バドミントンのプレーに落としこむと、その重心移動でも一番最初、初動の重心移動がもっとも重要というのが、一流選手を見てきた自分の考えです。

廣瀬　初動の重心移動ですか？

片山　そう。この能力が高いと、重心の移動がスムーズになり、フェイントにも即座に反応することができ、余裕を持って球に向かうことができるようになります。トップ選手のプレーを見ていて、速く動いているというより、動きが止まっていると感じることがありませんか。これは、初動の重心移動の能力が高いため、方向転換をすば

動くとは

重心移動＋地面からの反作用

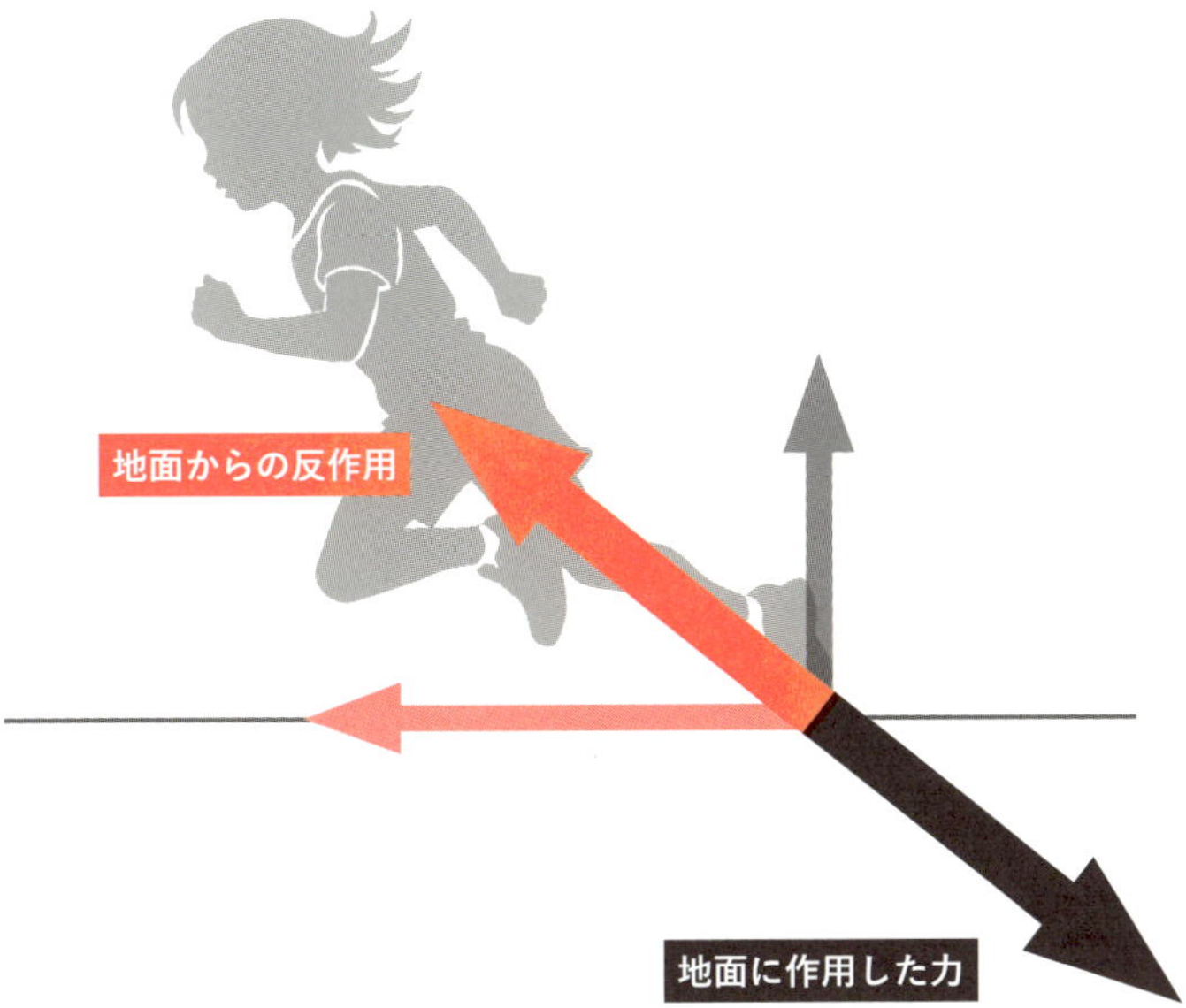

前に進むには、上ではなく水平
方向の反作用の大きさが必要

やくすることができているから。そのため動きに余裕ができて、ゆっくりとした動きにつなげられ、再加速することができる。たとえば、スマッシュ&ネット。スマッシュを打ったあとネット前に切り返されても、打ち終わり時にスムーズな重心移動ができているので、余裕を持ってネット前のショットを拾うことができる。そんな選手の動きはリズムがよく、時に歩いて見えるほど、動きにムダがありません。

父親　普段、意識せずに行っている重心の移動も、スポーツの側面から見ると非常に重要なことになる。

片山　そうなんです。しかも、バドミントンは動きの変化の連続です。ネット前に出たかと思えばバックに下がり左右に振られ、そのたびに体は重心を前へ、後ろへ、右へ、左へと瞬時に移動させることを迫られる。つまり、さまざまな動きに対応するための重心コントロールが必要になります。ここでよい姿勢がとれているかどうか。それによって動きのスムーズさが変わってきます。同時に、バドミントンは飛んでいる羽根をラケットで打つわけですから、重心を移動させて動きながら力を羽根に伝えなければいけない。要するに、力の伝達ですね。

廣瀬　移動とスイングを連動させるということですね。

片山　衝撃に対する緩衝《かんしょう》作用《さよう》も大切ですね。バドミントンではジャンピングスマッシュで跳んだり、ネット前に踏み込むなど、体に衝撃を与えるプレーがあります。これらに対しては体幹部をうまく丸めることで衝撃を吸収し、ダメージを減らすことができます。

父親　動きを分解すると、プレー時には、瞬時にいろいろなことを体に要求しているのですね。

廣瀬　そのさまざまな動きを支えているのがよい姿勢で、よい動きにつながるということがよくわかりました。

動きを支える土台、体幹まわりへの認識を深める

廣瀬　片山さんの動きに対するお話、ためになります。

片山　でも、これはほんの一部。体とは、と考えだすと、答えは無限大になるし、もっと教えてということであれば、まだまだ話せますよ（笑）。今回はバドミントンを始めたばかりの子どもたちのおとうさん、おかあさんに対する体の話ということなので、これだけは知っておきたいということに絞ってお話しさせていただいています。

父親　つまりよい姿勢が大事なのですね。

片山　そう。整えたいのが、骨盤が立った姿勢。腹圧がしっかりかかるようにすること。腹圧とはお腹のなかにかかる圧力のことで、ここが抜けてしまうと体幹が安定しなくなり、姿勢が崩れますので気をつけてください。そして、股関節と体幹が上手に使えること。重心移動と、力の伝達に必要です。バドミントンは上半身と下半身がセットで動く競技なので、体幹の上部と肩甲骨、腕が自由に動き、使えるかどうか。体幹下部にある、股関節まわりの腸腰筋と下半身の内転筋（太ももの内側の筋肉）といった、コアな筋肉がしっかり使えるか。

廣瀬　それらが、動きを支える土台になるのですね。

手をうまく使うということ

片山　動きの目的である「相手にシャトルを返すこと」を目指すとき、もうひとつお伝えしたいことがあります。それは、手の自由度の大切さです。たとえて言うなら、自動車のボディやエンジンがしっかりしていても、タイヤが曲がっていたら走らないですよね。つまり、手は体の最後の伝達部分というわけです。でも、この手がうまく使えていない選手が実は多いんですよ。手がうまく使えていない状態だと手に表現力がなく、細かい調節ができないため、過剰に体を使わなければならなくなっているのです。

廣瀬　ぎゅっと握りすぎているということですか？

片山　そうとも言えますが、手のなかの筋肉を使えていないということですね。手のなかの筋肉が使えると、指もうまく使うことができ、バドミントンのショットに表現力が生まれます。

父親　さまざまなショットの打ち分けは手のなかの筋肉がポイントなんですか。

片山　最初にお話しした通り、バドミントンは羽根を打つことが目的です。よい姿勢をつくり重心のコントロールが高いレベルでできても、最後に羽根を打つための手がうまく使えなければ体はムダな動きを強いられてしまい、体幹がぶれてしまう。そのことが選手との取り組みでわかってきています。

父親　手の筋肉を使えるようにするにはどうしたらいいのでしょうか。

片山　かんたんなトレーニングがあるんですよ。野球かテニスのボールを1個用意してください。これを親指、人さし指、中指の3本だけで押しつぶすようにつまんで上に投げ上げます。これで手のなかにある筋肉を鍛えます。大事なのは指先ではなく握りこみ。手のなかの筋肉を使ってボールを投げ上げることを意識してみてください。

手のなかの筋肉を鍛えるトレーニング

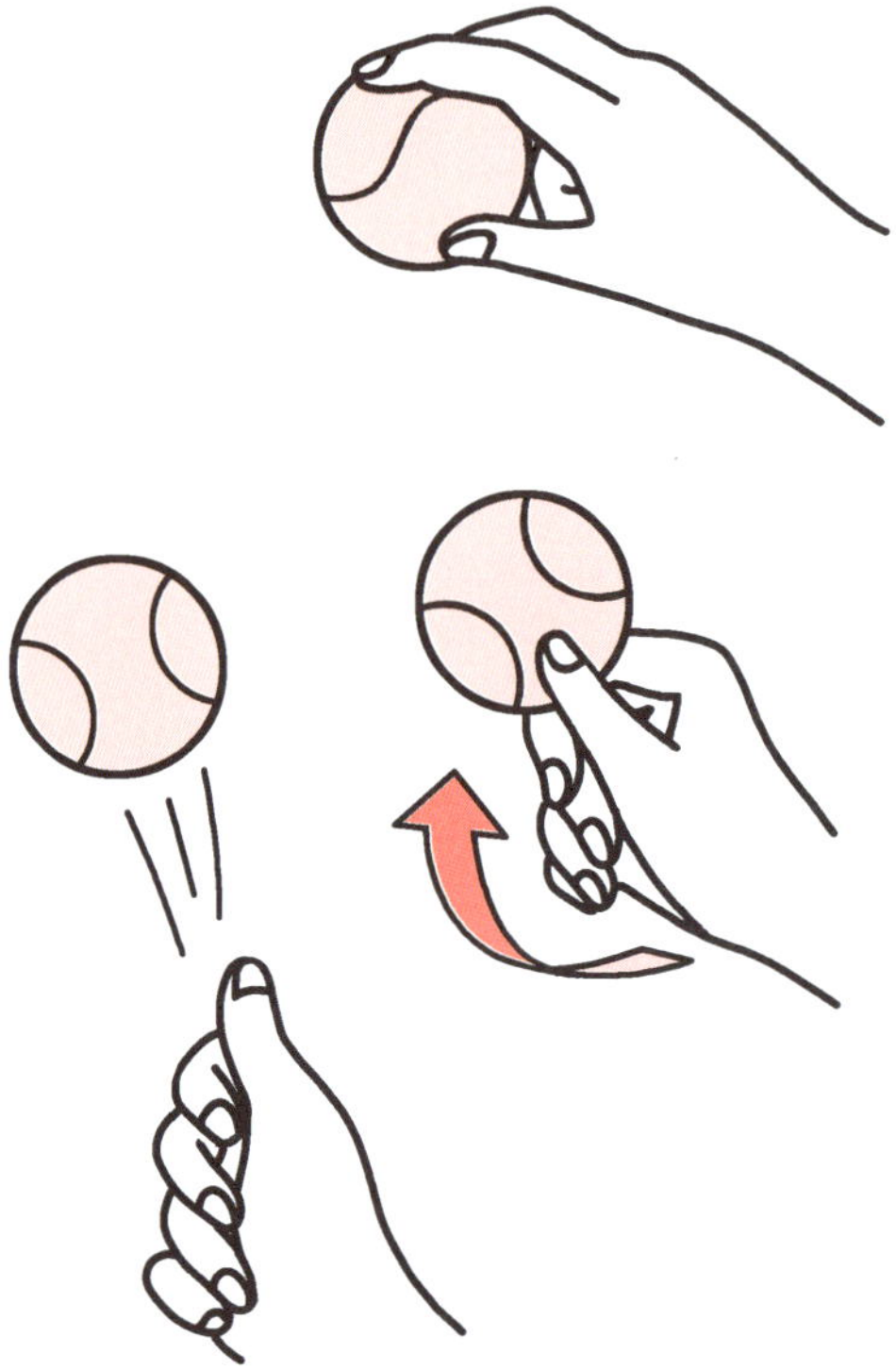

手のひらを下に向けてボールを持ち、
握りこむようにしてはじきとばす

鍛えたい手のなかの筋肉

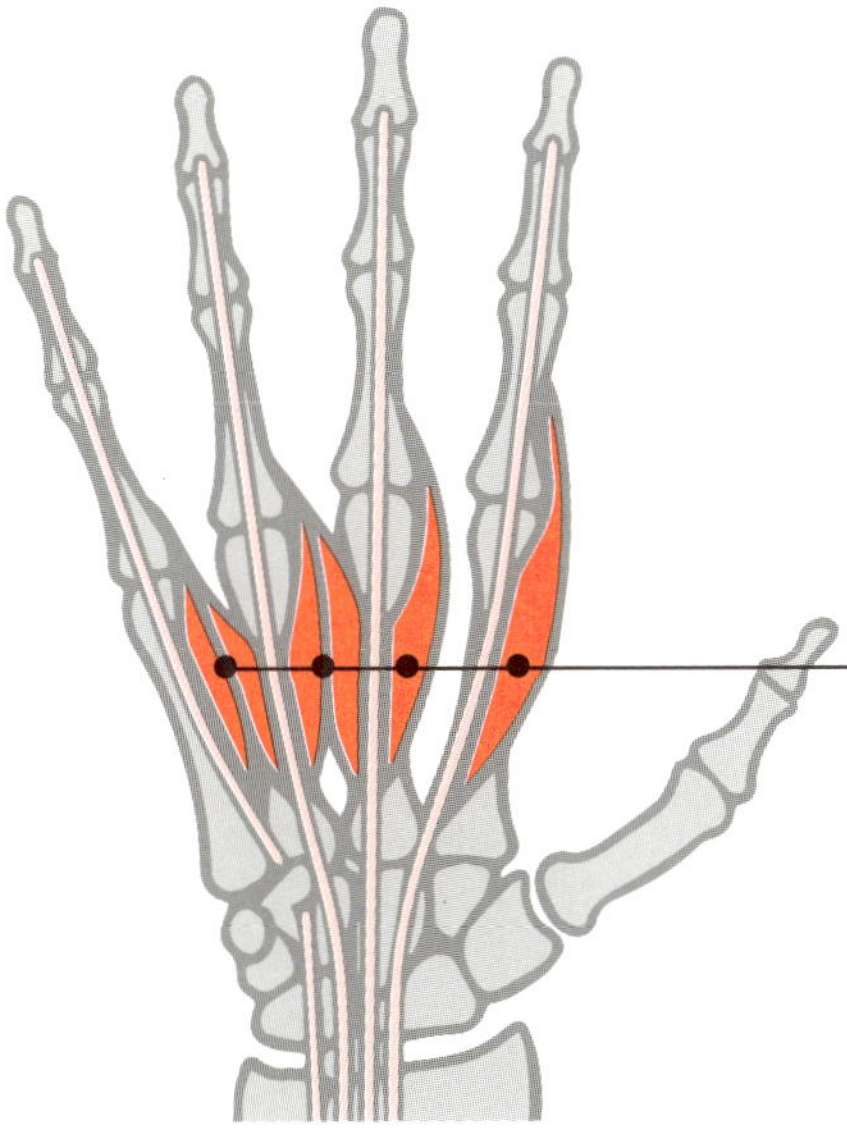

＊イラストは右の手のひら

母親　自宅に帰ったら、早速親子でやってみます。

片山　手のなかの筋肉が使えない人は、手首を過剰に動かしてしまいます。それが手が使えない理由です。

廣瀬　そういうことなんですね！

片山　手のなかの筋肉をうまく使えないため、ラケットの操作能力が少ない。つまり、いろんなショットを手で表現できないということになるのです。

廣瀬　ショットの打ち分けに影響しますね。

片山　バドミントンのプレーは繊細ですが、手を使えないとその精密なコントロールができず、雑な動きになってしまうわけです。

父親　体についての新たな知識が得られました。

片山　いろいろと説明しましたが、最後にかんたんにまとめましょう。「自由に動ける」とは足を動かせるということだけでなく、しっかりシャトルを相手のコートに打ち返せることとして考えなければ、選手は「動けた」ととらえることができません。そのためには、ショットを打つ動作とフットワークとの連動性が大切です。ただ、フットワークだけにとらわれると自由な動きの獲得は難しくなってしまいますので、注意が必要です。少し高度になるので今回お話ししませんでしたが、動けている選手は、減速停止再加速にメリハリがあることに加え、リズムがしっかりとあるといった特徴もあります。瞬発力があるというよりも、体をうまく使い重心移動がうまい。そして、こうした選手たちの体には共通点があります。姿勢が効率がよいといわれる状態に近く、そのなかでも骨盤（腰骨）がしっかりと立っているところです。その状態から体のコアな筋肉、とくに腸腰筋をうまく使うので、体の自由度がとても高いのです。加えて、手の自由度もかなり重要な要素です。どちらかというとほかの点に意識が向けられがちですが、この部分も着眼点に必ず入れておいていただきたいと思います。自由な動きを獲得していくにはさまざまな要素がありますが、まずは骨盤がしっかり立つような姿勢づくりから始め、強い体づくりだけでなく、自由に動く体づくりをしていく。先に述べた動きの原則は理論的に考えて取り組むより、一流選手の動画をよく見てイメージづくりをし、マネをして身につけることをおすすめします。

第2章の習慣（まとめ）

9 自由に球を打ち返せることを目的とした体をつくる

10 よい姿勢がもっとも重要

11 骨盤が立った状態が動きに必要な筋肉がより効果的に働く

12 悪い姿勢は初動の遅れにつながる

13 よい姿勢をつくるためには悪くする原因をなくすこと

14 初動時の重心移動が非常に重要

15 手は最後の伝達部分

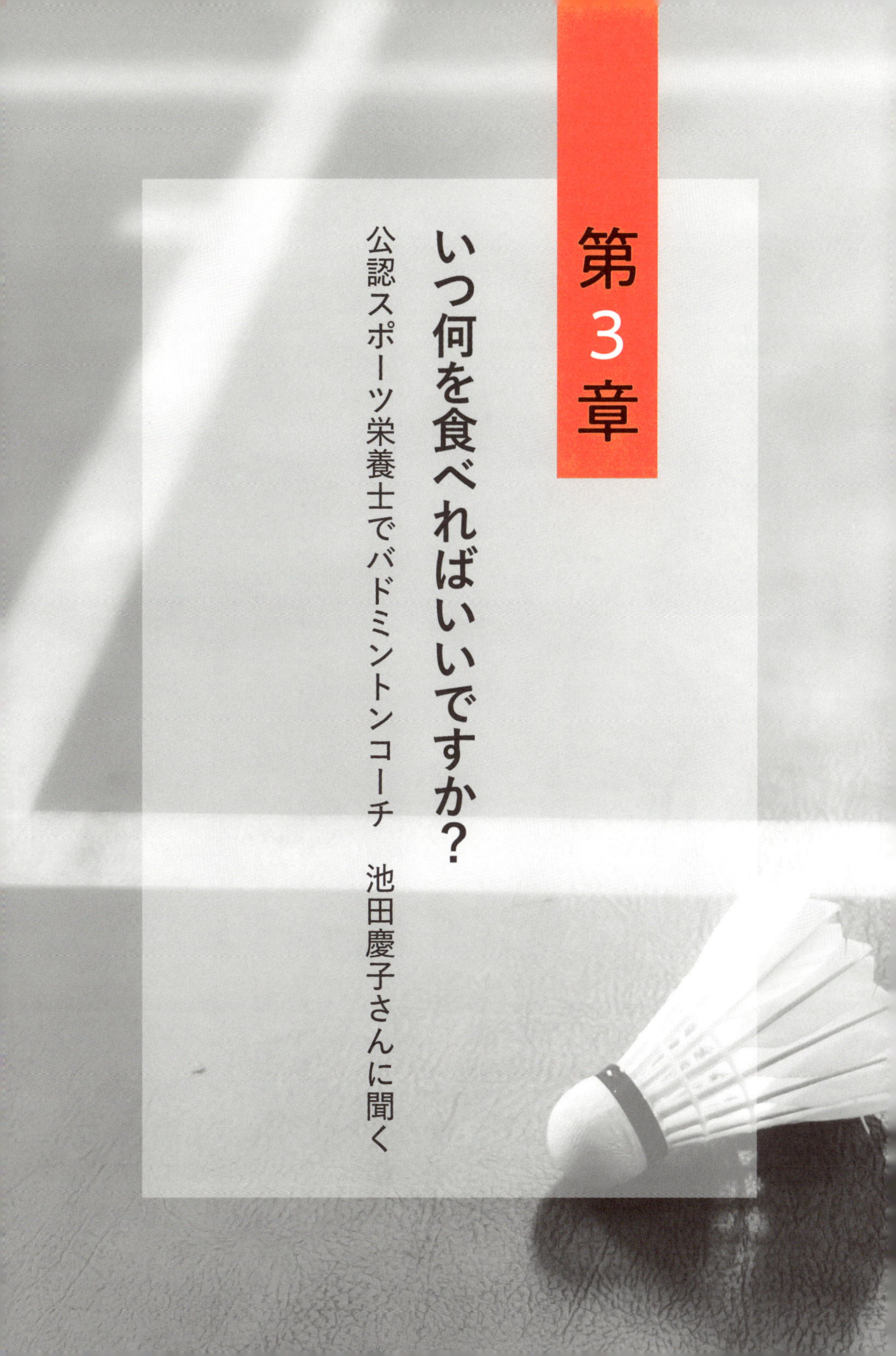

第3章

いつ何を食べればいいですか？

公認スポーツ栄養士でバドミントンコーチ　池田慶子さんに聞く

「アスリートにとって体は資本」「体は食べたものからできている」

ケガをしないための体づくりとよい動き。これらの学んだ知識を実践で活かすためには、基礎となる体を構成している食事による栄養管理が必要だ。とくに食事は、母親としてもっともサポートできるところでもある。選手時代にもつねに考えていた部分ではあるが、改めて専門家から成長期の子どもに向けた必要な栄養知識を得ておきたい。

栄養について、できればバドミントンという競技に詳しい方がどこかにいないだろうかと探したところ、第6章で登場していただく漆﨑真子さんが「池田慶子さんはどうでしょう」と紹介してくれた。スポーツ栄養士として現在、大学チームの専属栄養士を務めるかたわら、バドミントンスクールを運営。コーチとしてジュニアの指導にあたっているという。しかも、高校生と中学生の姉弟を持つお母さん。二人のお子さんはバドミントンをやっているそうだ。即刻、取材を申し込んだ。

3人で訪ねたところ、初対面とは思えないほど話が弾んだ。体をつくる栄養素の話や必須エネルギー量、試合における食事メニューまで、ご自身の経験を交えながらのお話は参考になることばかりだった。

スポーツをする子どもには何を、いつ、食べさせるといいのか

廣瀬　現役時代、私は栄養に関してとても気をつけていました。選手生活を続けるなかで、もちろん練習も大事ですが、それに加え栄養面の大切さも感じました。

母親　栄養はやっぱり大切なんですね。

廣瀬　でも、子どものこととなるとまた別で。これでいいのかなと迷いが出てきてしまいました。改めて、練習前にどんなものを食べさせたらいいですか？

池田　まず、栄養士としての私の持論をお話しさせていただいていいですか？　小中学生はまさに成長期まっただなか。私としては、練習に向けた食事はもちろんですが成長に重きを置いていただきたいというのが正直なところなんです。というのも、とくに小学生のＡＢＣ大会など全国レベルで戦っている子を見ると、週7日練習するのは当たり前という日常を送っています。体をつくらなければいけない時期なのに、その大切な部分が置いてきぼりになっているように感じられることが多々あります。子どもたちは自分がどれだけ強くなれるかということに気持ちが向かっていますので、それをサポートするおとうさん、おかあさん、監督やコーチには、成長を無視して競

技力を上げることばかり考えないでほしい。おそらく、それが私だけではなく、スポーツにかかわっている栄養士の思いです。将来的にアスリートとして大きな夢を抱いているようでしたらなおさらです。**この世代で資本となる体をしっかりつくれることがすべての基礎**になるということを、まずは念頭に置いておいてください。

廣瀬　その通りですね！

池田　最初から横道に外れてしまいましたが、一番大切なことをまずはお話しさせていただきました。そして「何を食べさせればいいのか」ですが、これは一番よく聞かれる質問です。とはいえ、これを食べれば強くなるという魔法の食材はありません。ぜひなんでも食べさせてください。ただ**「何を食べさせたらしっかりと練習ができるか」というところに焦点をあてると、運動する、体を動かすためにはエネルギーが必要になるので、糖質メインの食品で補給してから練習に入っていただくこと**をおすすめします。クラブチームでの練習を考えたとき、たとえば、学校で給食を食べるのは12時頃。午後の授業を受けると下校はだいたい16時、17時になります。お昼を食べてからすでに4時間くらい経っているので、その頃にはもうお腹が空いているはずなんですね。その状態で練習に入ってしまうのはよくないので、時間と相談しながら糖質をメインに食べていただく。準備の手軽さから考えると、おにぎりやパン、バナナ、ゼリー飲料などがいいと思います。

廣瀬　なるほど！　確かに学校から帰る頃はお腹が空いていました。日々の食事で大切にしたいことはどんなことでしょうか。

池田　よくいわれていることですが、やはり「バランスよく摂取する」ということが重要です。スポーツと同じように、栄養素もチームで働くと考えてみてください。糖質だけとっていればいいというものではないし、たんぱく質がしっかりとれているから大丈夫というものでもなく、いろいろな栄養素が揃っていることでそれぞれが活かされる状態をつくることが大切です。

廣瀬　そうですよね。ただ、たくさん食材を用意したい気持ちはあっても、なかなか理想通りにはできなくて……。

池田　その通りだと思います。私も働く母親なのでよくわかります。だから、いつも「買ったものでいいですよ」とお伝えしています。多くのおかあさんたちがお仕事を持っていると思いますので、積極的にコンビニやスーパーのお惣菜、冷凍食品を利用していただいてかまわないというのが私の考えです。今は本当に技術が発達していて、冷凍野菜など種類も多く、どれもおいしくなっていますしね。一部には、やっぱり手づくりでなければとこだわる方ももちろんいらっしゃると思いますが、あまりがんばりすぎると、いつしか気がつけば主役は子どもではなく、つくること自体がメインになっていた、なんていう本末転倒なことになりかねません。それだったら、肩の力を抜いて子どもが食べることを前提に、出来合いのものも上手に使いながら準備をしたほうがはるかにいいかなと思うんです。

母親 いきなり栄養のハードルを下げていただいて、気持ちが楽になりました。でも、必要な栄養素というのがありますよね。

池田 三大栄養素といわれる「糖質」「たんぱく質」「脂質」です。これらは体になくてはならない栄養素で、エネルギー源にもなるので、必要な量をきちんと摂取してもらいたいです。それ以外には「ビタミン」と「ミネラル」。補助的な役割にはなりますが、体内でつくれないものも多いので、野菜や果物、海藻などからしっかりとっていただきたいです。先ほどお話ししたように栄養はチームですから、これら補助の栄養素がないと、せっかくの三大栄養素もうまく働きません。だから、やっぱりすべてを上手にとってもらうことが一番いいんです。廣瀬さんはアスリートの食事はフルコース型という言葉をお聞きになったことがありますか？

廣瀬 はい、あります！

池田 主食、主菜、副菜、汁物、果物、乳製品を揃えた食事のことですが、やはり栄

フルコース型の食事

副菜は２品以上とれるとよい
＊カッコ内は主にとれる栄養素

養士の私たちにはそのアスリートのフルコース型が栄養バランスを考えるうえでの基準になっています。といっても、もちろんすべてつくったものではなくても、子どもが食べられるものを使い、お母さんも上手に手を抜きながら揃えてもらえばいい。一汁三菜にこだわらず、**1回の食事のなかでできるだけいろんな食材を使う**ことを考えていただきたいと思っています。というわけで、実は私、時間がないおかあさんや少食のお子さんに、どんぶりものをすすめているんですよ。

父親　え、どんぶりでいいんですか？　どんぶりだと栄養が偏るからよくないと昔、言われたことがあるんですが。

池田　そうですね。どんぶりといっても天丼やカツ丼といったものではなく、韓国料理のビビンパや奄美大島の郷土料理の鶏飯など、一度にたくさんの具材をごはんに乗せられるものをおすすめしています。納豆やおくら、とろろなどを使ったとろとろねばねば丼、冷や汁なども口あたりがよく、食欲が落ちている夏などにもおすすめです。とくに、ビビンパならごはんさえ炊けばナムルはコンビニやスーパーのお惣菜売り場で具材が全部揃うので、夏場に火を使う必要もありません。

廣瀬　今のおかあさんたちは忙しくされているので時間がありません。こういうかんたんなメニューを知っているといいですね。バランスよくつくりたいけど時間がない、どうしようというときにパッとつくれるのはすごくありがたいです。

池田　私自身がそういう状態なんです。職業上、子どもに栄養バランスの悪いごはんを出すわけにもいかないですから（笑）。

廣瀬　素晴らしいです。食事は手づくりがいいという思いはあるのですが、どうしても時間がないとお惣菜ですませちゃう。そうすると心のどこかに罪悪感があるんですよね。今、池田さんのお話をうかがって、ほっとしたと言いますか、心強く感じました。

母親　私もそうです。この気持ちは、多くの人の心のどこかにあるんじゃないでしょうか。これからは堂々とお惣菜を上手に利用することにします。

父親　女性たちで盛り上がっているところを申し訳ないんですが。わが家では練習後のお迎えは私が担当していまして、練習後の食事はどうしたらいいんでしょうか。練習が終わると結構な時間になっているんですよね。お腹が空いているようなときは車のなかでコンビニおにぎりなどを食べさせているんですが。

池田　その子の生活パターン、リズムにもよりますね。たとえば、練習が終わるのは早いところで21時頃、遅いところだと22時ぐらいになることもあると思います。練習が22時に終わるところだと、家に帰ってから夕食をちゃんと食べる時間はほとんどないですよね。車のなかですでに寝てしまっている子も多いことでしょう。21時終了でも低学年の子だったら眠い時間です。先ほどお話ししたように、学校から帰ってくる頃には給食を食べてから結構な時間が経っています。そこで、お母さん、もちろんお父さんでも、手が早く動かせるような状況であれば、**練習に行く前に夕食を食べさせてしまう**という方法があります。

父親　なるほど！

池田　練習が18時スタートなら、先にしっかりと栄養をとってしまう。帰宅時間が15時、16時で練習まで2時間以上空いている時間があるのであれば、これはかなり使える手です。とくに、低学年のお子さんがいるところで、対応が可能であればこの方法をおすすめしたいですね。

母親　その考えかたはなかったので驚きました。しっかり食事をとらせることができると親としては安心ですね。

池田　それで練習が始まる前に小腹が空いてくるようでしたら、おにぎりやおまんじゅうなどの補食を追加してあげましょう。

父親　上の子は学校から帰ってくるのがちょっと遅めなので、しっかり夕食をとる時間はなさそうです。

池田　確かに、中学生くらいになると部活に入っていない子も、授業などで帰宅時間が遅くなりますね。内容は練習までの時間と相談になりますが、そういう場合もお菓子ではなく、サンドイッチやおにぎりなど糖質をメインとした補食をとってください。そして、練習後にきちんと夕食をとるようにしましょう。

父親　部活に入っている場合も同じですか。

池田　クラブではなく部活の場合も考えかたは同じです。学校によってルールは違うと思いますが、できることなら各自補食を準備して練習前に補給して、練習後にはバランスよくなおかつ消化のいいものを食べてほしいです。というのは、寝る時間にお腹のなかに食べたものが残っていると、睡眠中に消化のために内臓が動くので疲れがとりきれず、朝も起きられない、といったことになってしまうからです。

母親　遅い時間の夕食のメニューでおすすめはありますか。

池田　練習までに時間がなく、ゼリー飲料やバナナなどの補食をとるだけで精いっぱいという場合、練習後の遅い時間でもしっかりした食事をとりたくなると思いますが、寝るまでにできるだけ消化を終えておきたいので、うどんなど消化のいいものにしてください。おすすめは鍋物やスープ系。失った水分やミネラルがそれひとつですべてとれるうえに、手間もかかりません。練習に行く前に材料を切ってお鍋に準備してお

食べてから消化するまで

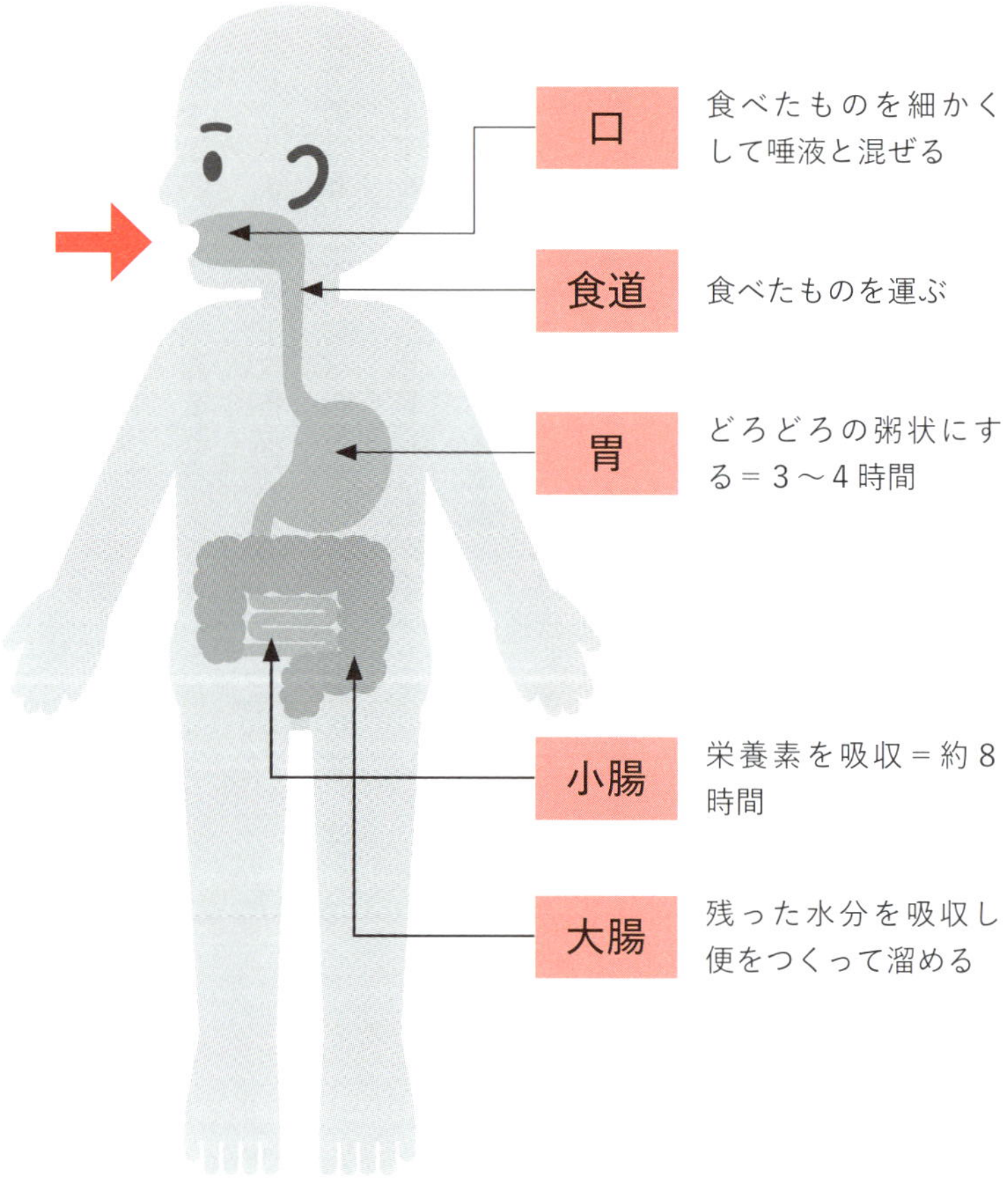

けば、お子さんがお風呂に入っている間に火を通すことができます。

母親　冷蔵庫にあるものでできそうで助かります。

池田　どうしてもお腹が空くから食べ応えのある唐揚げなどの揚げ物を食べさせてあげたくなるおかあさん方が多いのですが、そうすると朝お腹は空かないし、疲れもとれなくて起きられない。親としても疲れているしギリギリまで寝かせてあげたいという悪循環に陥り、そのしわ寄せが朝ごはん抜きにつながってしまいます。成長期の子どもにとって朝ごはんはエネルギーを確保するための大事なチャンスです。絶対に朝食抜きはやっていただきたくないので、朝ごはんを食べられるくらいの夜食を考えていただきたい、というのが正直なところです。

廣瀬　そのやりかたはいいですね。子どもたちの体の負担も少なくすむと思います。

通常通りの食事量では生活と練習にエネルギーをとられ、成長までまわらない

廣瀬　これもよく聞かれることかと思いますが、身長を伸ばすための食事をぜひ知りたいです。

池田　はい、聞かれますね。赤ちゃんのときが第一次、小学校の高学年から中学生にかけての思春期が第二次と、成長期は2回やってきます。この時期にいかに身長を伸ばすかということになるのですが、まず最初にご理解いただきたいのは、スポーツをやっている子どもたちはスポーツをやっていない子どもたちに比べ、より多くのエネルギーや栄養素を必要としているということ。不足している子は、体の成長や生きるために必要なエネルギーをけずりながら活動しているという状態にあります。成長云々の前に、練習に必要なエネルギーを確保するために、生きるための機能を落としている場合もあります。

母親　それほどスポーツは、エネルギーを消費するんですね。

池田　エネルギーには「生きるために必要な量（基礎代謝）」、「成長するために必要な量」、そして「活動（バドミントン）のために必要な量」があるというイメージを持っていただくといいですね。つまり、スポーツをしている場合、一般的な食事量では、活動するために優先的にエネルギーが使われてしまい、成長に使える分を賄ったり貯めたりすることができない。結果足りないから身長が伸びない、となります。

廣瀬　3つに使うエネルギーを十分体内に蓄えないといけないということですね。

池田　はい。人間の体は食べたものでできているとよくいわれますけど、正確にいう

1日に必要な栄養素量　大人との比較

ジュニア期　身体活動レベルIII（移動や立位が多い、またはスポーツなどが習慣）

年齢・性別	エネルギー kcal	たんぱく質 g	脂質 g	炭水化物 g	カルシウム mg	鉄 mg
10～11歳男子	2,500	81～125(103)	56～83(69.5)	313～406(359.5)	700	8.5
10～11歳女子	2,350	76～118(97)	52～78(65)	294～382(338)	750	8.5(12.0)
12～14歳男子	2,900	94～145(119.5)	64～97(80.5)	363～471(417)	1000	10.0
12～14歳女子	2,700	88～135(111.5)	60～90(75)	338～439(388.5)	800	8.5(12.0)
15～17歳男子	3,150	102～158(129.5)	70～105(87.5)	394～512(453)	800	10.0
15～17歳女子	2,550	83～128(105.5)	57～85(71)	319～414(366.5)	650	7.0(10.5)

たんぱく質、脂質、炭水化物は目標量（中央値）、カルシウム、鉄は推奨量
厚生労働省：日本人の食事摂取基準(2020年版)よりジュニア期を参考に作成
炭水化物・たんぱく質は1g当4kcal、脂質は9kalとして計算、小数点以下は四捨五入とした
鉄の項目のカッコ内は女子で生理のある人の鉄必要量

成年（30～49歳）身体活動レベルII（座位中心の仕事で通勤や家事などで軽作業をする）

年齢・性別	エネルギー kcal	たんぱく質 g	脂質 g	炭水化物 g	カルシウム mg	鉄 mg
30～49歳男性	2,700	88～135(111.5)	60～90（75）	338～439(388.5)	750	7.5

たんぱく質、脂質、炭水化物は目標量（中央値）、カルシウム、鉄は推奨量
厚生労働省：日本人の食事摂取基準(2020年版)より成年期を参考に作成
炭水化物・たんぱく質は1g当4kcal、脂質は9kalとして計算、小数点以下は四捨五入とした

と、「人間の体は食べて吸収されたものでできている」のです。つまり、体のなかで使えるように消化吸収する時間が必要です。ところが、強くなるために何時間も練習をしていると、消化吸収に使える時間が少なくなってしまいます。栄養が吸収されていないので、エネルギー不足になりがちです。つまり、「食べたもので体はできていない」ということになりがちなのです。

母親　そういうことになるんですね。

池田　そのうえで、何を食べなくてはいけないか、という次の問題になるわけですが、肉や魚は黙っていても食べる子が多いので、やはり主食をきちんととるよう心がけていただくのが一番です。近頃、炭水化物が悪者のようになる風潮が一部にありますが、運動する子にとって主食は絶対に必要です。

廣瀬　お米が苦手な子はパンやめん類の代用でも大丈夫ですか。

池田　もちろんかまいません。味がついている炊き込みごはんなら食べられるという子にはそれもいいでしょう。量が食べられないという場合はもち米を加えて、糖質の量を増やす工夫をしていただくといいですね。またごはんとうどん、ごはんとお好み焼きといった食事も炭水化物の量を確保する方法のひとつです。

廣瀬　私は関西育ちなのでその組み合わせ、大好きです（笑）。

池田　とはいえ、炭水化物オンリーにならないよう、おかずもしっかり一人前食べるようにしてください。また、たんぱく質やカルシウム、ビタミンD、亜鉛、鉄などは成長期に不足しがちな栄養素です。成長にともなって男女ともに貧血になりやすいので、しっかりとっていただきたいですね。とくに、バドミントンのような室内競技をしている子どもたちにはビタミンDを多く含む鮭やキノコ類を意識的にとっていただきたいと思います。

母親　キノコってちょっと苦手であまり食事にとり入れていなかったです。

池田　ご両親に苦手な食材があると、子どもが食べる機会をなくしてしまい、食わず嫌いなんてことにもなりますね。ご自身が嫌いな食材の場合、ご自身には少なく盛りつけてもいいので、子どもと一緒に食べるようにするといいかと思います。これも食育のひとつだと思って。ほかの人がおいしそうに食べていると、子どもって、嫌いなものでも食べられるようになったりするんですよ。

母親　少しの工夫で変わるんですね。

池田　その通りです。

気にしてとりたい栄養素と体内での役割

栄養素	体内での役割	多く含む食品
たんぱく質	筋肉をはじめ、臓器、血液など体のあらゆる組織をつくる材料となる。ホルモンや酵素などの材料で、免疫や代謝機能の維持で重要な役割。エネルギー源となる。	肉・魚・卵・大豆製品・乳製品 
カルシウム	骨や歯の主要な構成成分。筋肉の収縮や細胞の機能調節など神経系で重要な役割。	ししゃも・小松菜・ヨーグルト・チーズ
ビタミンD	骨や歯の発育促進。血中カルシウム濃度の調整を行い、神経伝達や筋肉の収縮を正常に行う。	紅鮭・しらす干し・さんま・キノコ類
亜鉛	歯・骨・肝臓・腎臓・筋肉に多く含まれ、たんぱく質合成や免疫反応の調節などに作用する。	牡蠣・豚レバー・油揚げ・卵
鉄	赤血球の材料となり、全身に酸素を運ぶ役割。	あさり・レバー・牛肉・小松菜

偏食の子には根気強く接することが大切

父親　うちの下の子が少し偏食気味で、妻が苦労しているんですが、どうしたらいいでしょう。

池田　何が苦手かによりますね。たとえば、嫌いな食べ物に必要な栄養素が含まれるなら、それを別のものでとる必要があります。そうした場合は私たちプロの栄養専門家に聞いてください。アレルギーの場合と一緒で、何で代用するかなど、いろいろとお話ができると思います。

父親　なるほど。

池田　実はこれ、自分がこれからどうなっていきたいのか、考えてもらういいタイミングでもあると思うんです。というのも、オリンピックに出たい、高校でインターハイに出たい、あの子に勝ちたいなど、強くなりたいという気持ちがある子は何かしら目標を持っていると思います。実際に力をつけていくと、合宿がある、遠征がある、ひょっとしたら海外に試合で行くかもしれない。そう考えたとき、好き嫌いで食べられるものがないときどうしたらいいかという問題にあたります。実はこのことで悩む選手が結構多いんです。食べられるものが少ないとパフォーマンスが落ちます。環境の変化でコンディションを崩すこともある。そういった将来生じるであろうことを考えると、なるべくいろんなものを食べられる習慣をこの時期につけておきたいんですね。とくに、「これが食べられるなんてえらいな」なんておとうさんがほめてあげると子どもは喜びますよ。

父親　確かに、そうですね。

池田　たとえば、家族でバイキングの食事に行ったら、「おとうさんも苦手なものをお皿にのせてみるから、一緒に食べよう」など、家族というチームで取り組むことはかなり効果的だと思います。ご両親にも、自分も苦手なものを克服するくらいのつもりで、その視野を広げてもらう。もしも可能なら、食材を買いに行くところから一緒に行き、一緒に料理をするなど、お子さんをかかわらせてみてください。ちなみに、うちの子もわりと偏食でした。

母親　どう克服されたんですか?

池田　食べないんだったらバドミントンやめなさい（笑）。

母親　一刀両断ですか（笑）。

池田　おすすめできる方法ではないのでマネしないでくださいね（笑）。それはともかく、ここで大切なのは、親があきらめたり、怒ったりしないこと。その気持ちが伝わってしまうと、子どもは絶対に食べません。あくまでも食事は楽しいことでなくてはいけません。

廣瀬　それは私も育児をしていて感じます。とくに、がんばってつくったときにかぎって全然食べなかったりすることもあって……。

池田　確かに、こんなにがんばって準備したのにと思うんですけど、そう考えないようにしましょう。たとえばトマト嫌いでも、トマトソースは食べられるなど、その食材がまったく食べられないわけではないことも多い。調理方法や味つけによって、偏食が治る場合がかなりあります。小中学生、とくに低学年の子はまだ味覚が発達していません。危険なものは口に入れないよう、体が苦味や酸味などを苦手と感じさせているんですね。根気がいりますが、無理やり食べさせずに、お皿にのせて残したら残したか、というくらいに受け止め、いろいろと試してみるといいかなと思います。

バランスよく食べることがケガの防止にもつながる

廣瀬　食事から、ケガ予防を考えることもできますか。

池田　できます。バドミントンはハードなスポーツで肉ばなれをはじめとして、アキレス腱まわりの炎症や断裂、疲労骨折なども多いです。受傷後の早期回復はもちろん、ハードな練習に耐えられる丈夫な体づくりは予防の面からも大切ですね。必要な栄養素はさまざまですが食事の面から考えると、必要なエネルギー量、栄養素をとっていることが大前提です。そうでないと、足らないところに補給されるだけなので、予防にはつながりにくいですね。土台があるところに足していく、という戦略的な栄養のとりかたを考えていただきたいです。具体的にお話しすると、ケガからの回復時には、筋肉や皮膚の材料であるたんぱく質、骨の材料となるカルシウム、状態によっては、鉄や亜鉛が必要になります。そして、それらの吸収をよくするビタミンC。ビタミンCは水溶性で汗と一緒に流れ出てしまうので、毎食とるようにしてもらうといいですね。とくに、ケガをしやすい子は普段からカルシウムやビタミンCをしっかりとってほしいです。牛乳は、学校がある日は給食で出るので問題ないのですが、お休みのときは家で飲まないという子が結構います。飲む習慣をぜひつけてあげてください。牛乳が苦手なお子さんは、小魚などからでも摂取できますね。

廣瀬　うちの子は牛乳が大好きでよく飲みますが、飲みすぎは大丈夫ですか？

池田　お茶がわりにごくごく飲むのはおすすめしませんが、毎食飲むくらいなら問題ありません。心配なようでしたらコップを少し小さめなものにしてもらって、1回の量を減らすということで対処できると思います。注意したいのは、牛乳を飲みすぎてごはんが食べられなくなること。食事をしっかりとったうえでなら問題ありません。

母親　ケガであまり練習ができないときは食事量を減らしたほうがいいのですか。

池田　どの程度のケガで、休む期間はどのくらいか、練習に参加できるのかにもよりますね。ケガを治すにもエネルギーが必要なので、減らしすぎにも注意が必要です。骨折などでまったく動けない状況になったとしたら、活動量に合うように減らさなければいけませんが、症状が軽くて、できる練習には参加するとなると話は別です。回復後に元の食事量に戻さなくてはならないことを考えると、量だけを減らすのではなく、調理方法や食材選びで、エネルギー量を調整してもらうといいですね。

母親　足りない栄養素をサプリメントで補うのはどうでしょうか。

池田　ジュニア用のサプリメントなどを飲ませたほうがいいのではないかというおかあさん、結構いらっしゃいます。サプリメントの利点はムダなものをとらずに、とりたい栄養素だけをピンポイントでとれるということにあります。しかし、それをすると食事もきちんととった場合、栄養素をとりすぎることがあるんです。栄養素の摂取には許容上限があります。決まった分量を超えてしまうと、それが子どもの体にどれだけ負担になるのか。そこを考慮したうえで使わないといけません。もうひとつ、サプリメントの服用が当たり前になると、将来、活躍したときにドーピングのリスクが上がります。たとえばこのプロテインを飲んだらドーピングにひっかかるかもしれないから飲めない。じゃあどうしよう？　そんなときに、何を食べて補給したらいいのかわからない選手ができてしまいます。ですから、プロテインやサプリメントの摂取は最終手段と考えていただきたいです。練習後に食欲が落ちてどうしても固形物が食べられないとか、自宅に帰るまでに時間がかかってしまうとか、そうしたときに使用するくらいにとどめてください。プロテインやサプリメントの力を借りないと活動できないという状態なら、練習させすぎということ。そういうときは練習スケジュールの見直しをして体を休めてほしいですね。

廣瀬　その通りですね。

池田　疲労がたまっている状態で練習するとケガにもつながります。疲労骨折などは同じ練習の繰り返しで負担がかかることも要因のひとつです。また、バドミントンは足裏をコートに打ち続ける競技なので、足裏の血管を圧迫して赤血球を潰してしまうことで起きる運動性の貧血（スポーツ貧血）もあります。そうした場合はぜひ栄養士に相談してください。

試合での効果的な食事のとりかた

母親　試合での食事のとりかたについても教えていただきたいです。

廣瀬　私の体験談ですが、試合の直前に大福を食べてコートに入ったことがあります。食べて動ける体が大事かなと思って。

池田　エネルギーの補給は大事ですけど、直前の大福はやりすぎですね。

廣瀬　パワーになるエネルギーを、と思ったんですが。

池田　セレクト的に大福はすごくいいんです。ただそれを食べたタイミングが問題でしたね。試合のときはパフォーマンスが最後まで落ちないことが大切なので、前日にはエネルギー源になる糖質をいつもより少し多めにとるようにしましょう。ごはんやパンでなく、お餅やいも類でもかまいません。ポイントは糖質の比率を上げ、たんぱく質は必要量にすることにあります。

母親　エネルギー源である糖質が大事なんですね。

廣瀬　貯めたエネルギーをちゃんと使えるようにしてほしいので、ビタミンB１とその吸収率を上げるようアリシンもとってもらいたいですね。ビタミンB１は豚肉に、アリシンはニンニクや玉ねぎに多く含まれます。まちがっても揚げ物は食べないようにしてください。脂質の多い食べ物は消化に時間がかかりますから。食物繊維も消化に時間がかかるので、注意したいです。お腹が痛くなっちゃう子もいますので。食べ慣れたものを食べるのが一番です。試合当日は「お腹の調子はどう？」「朝ごはんは何が食べられそう？」など、お母さん方には声かけをして調整するなどサポートしていただければと思います。

母親　試合中はどうでしょうか？

池田　試合にお弁当を持参する方をときどき見かけますが、いつも通りのお弁当はNGです。試合は30分以上かかることが多いですから、食べかけで試合に入り、試合が終わってから残りを食べるなんて、食中毒のリスクを考えたらとんでもないことです。食べかけて30分放置されたお弁当はリスク大です。とはいえ食べないわけにはいかないので、まず次の試合までの時間を確認してください。それに合わせて、準備したもののなかから何を食べるかセレクトする。バドミントンは、タイムスケジュール通りにいかない競技なので、そこが難しいのですが、次の試合まで1時間以上あるなら、大福でも大丈夫ですよ、廣瀬さん（笑）。

廣瀬　はい、今ならわかります（笑）。

池田　試合まで30分程度しかないということでしたら、ゼリー飲料や果汁ジュースで補給しましょう。試合で発汗しますので、スポーツドリンクを上手に使って水分補給、ミネラル補給も忘れずにしてくださいね。あまりないことですが、試合まで3時間くらいあるようだったら普通の食事をしてかまいません。それ以外は補食の扱いで、サンドイッチやおにぎり。ちなみに、私がよく子どもに持たせていたのは小さなあんぱんや、うどんを小分けにしたもの。うどんは2口ぐらいで食べられるくらいに分けて、3つくらい持たせていましたね。つゆで塩分もとれるので一石二鳥ですよ。

母親　それ、いいですね。

運動中の水分補給はスポーツドリンクで

廣瀬　社会人1年目に出場した海外での試合で、何かお腹に入れようと思いオレンジジュースを飲みました。そのときはおいしくてたくさん飲んだのですが、試合中に初めてお腹が痛くなってしまって。それ以来、試合のときは冷たいものと柑橘系のジュースは控えるようになりました。

池田　それはトラウマになりますね。そういう選手は結構います。トップ選手が試合

試合のときの食事

アップ後、いつもよりテンションが上がっていると感じたり、朝食が満足にとれなかったりした場合、ここでもエネルギー補給を。消化に時間がかからない一口サイズのおにぎりや小さいあんぱん、バナナやエネルギーゼリーがおすすめ。

高糖質・低脂肪・たんぱく質いつも通りの食事。試合当日に向けて、コンディションを整える時期。練習量や内容も変わってくるはずなので、それに合わせて食事も調整。エネルギー源となる糖質をいつもより多めに、体調を整えるビタミン・ミネラルはしっかり補給すること。「主食：ごはん・パン・めん・餅」や「果物」を多めに、肉や魚など主菜となるおかずは１人分より多くならないように。

4	3	2	1
試合 １時間前	試合 ２～３時間前	試合当日 ３時間以上前	試合の3日前 ～当日

市販のエネルギーゼリーやフルーツゼリーをメインに補給。エネルギーゼリーは、ビタミンＢ１を含むものを選択すると糖質がスムーズにエネルギーになる。時間に余裕がある場合は、固形の栄養補助食品を利用してもOK。

ガス欠防止とグリコーゲン補充のために糖質中心の消化のよい料理や食品をとる。緊張していてもおいしく食べられるものを。試合開始に胃のなかに食べ物が残っていると、いつも通りのパフォーマンスは発揮できない。試合開始時間に合わせて、食事量や内容を調整する。揚げ物や炒め物など、油をたくさん使った料理や、脂の多い食材は避け、エネルギーになりやすい糖質中心の食事がおすすめ。サンドイッチ（ハムやジャム、腹持ちをよくするならチーズ）、ハニートースト、おにぎり、うどん、餅など。エネルギーをつくるのに必要なビタミンＢ群も補給できたらなおよし。豚肉は脂身を避けて赤みの部位を使う。

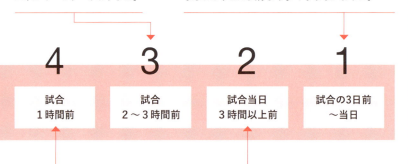

5

試合30分前

固形物は控え、基本は飲み物で。トイレが心配なら砂糖やブドウ糖などを使ったアメもおすすめ。ゆっくりとエネルギーになるパラチノースを使ったドリンクやBCAAを含むスポーツドリンクなど、うまく活用したい。果汁ジュースはお腹を下しやすいので柑橘系のもの・冷たすぎるものは避けてとるように。

6

試合直前

胃のなかに食べ物が残ったり、急激に血糖値が上がったりするのを防ぐため、基本的に水の摂取のみ。

7

試合の間

試合で失った水分・ミネラルの補給を優先させ、同時に次の試合で使うための糖質の補給を。試合終了後、その場ですぐにスポーツドリンクをメインに、お腹の様子と相談しながら、エネルギーゼリーなど次の試合開始時間に合わせて４～６の方法で補給を行う。

8

翌日以降にも試合がある場合

試合最終日まで高糖質・低脂肪・たんぱく質いつも通りの食事を繰り返す。大会期間が長く、試合がない日を挟むようなら、体調と食欲に合わせて油を使った料理を食べて体重減少を予防する。試合後は、次の試合に向けて失ったものをできるだけ早く回復する必要がある。水分補給・肝臓や筋肉のグリコーゲン回復のためにも糖質の補給を迅速に行う。外食する場合は、焼肉など脂の多いものは避け、うどんや鍋のような消化しやすいメニューを選択できる店がおすすめ。まずは心身の疲労回復を優先させたい。

memo

試合期間中に注意したいこと

これまで積み重ねてきた練習の成果を100パーセント発揮できるようにするために、ベストな体調で臨めるよう、コンディションを整えましょう。

試合への緊張やストレスで消費の増えるビタミンCをはじめ、体調を整えるためにビタミン・ミネラル類を積極的に補給してください。試合の約1週間前から野菜や果物の摂取をいつも以上に心がけ、毎食とれるようにするといいですね。柑橘類はもちろんですが、キウイフルーツ（黄肉）はビタミンCを多く含み、手軽に補給できるのでおすすめです。

食べ慣れないもの、生ものの摂取には注意が必要です。緊張で消化吸収力が落ちていると、便秘や下痢、軟便になりやすい選手もいます。試合約1週間前から便の様子に注意し、食物繊維などをとりすぎないように気をつけましょう。

試合の日だけ特別ではありません。練習のときから、集中しながらもリラックスできる環境を心がけてください。普段していないことは不安要素になってしまうので、練習試合などで試合用の食事パターンを練習しておくといいですね。最高のパフォーマンスを発揮できる食事パターンが見つかったら、鬼に金棒です。

目標に到達しさらなる高みを目指せるよう、おいしく楽しみながらがんばってください。

前やあとに飲むということを聞いてマネをしてみたけど、お腹がゆるくなってしまったとか。体質的に合う、合わないがあるので気をつけてもらいたいなと思います。オレンジジュースだけでなく、柑橘系のジュースはお腹がゆるくなる方が多いですね。冷たすぎるものも注意が必要です。

廣瀬　やはりスポーツ時はスポーツドリンクがいいのでしょうか。

池田　状況によって変えていただければいいかと思います。たとえば、Ｔシャツを絞れるぐらい汗をかいているときに普通の水を飲んでも、浸透圧の関係で水が体内にうまく吸収されません。水分補給にはならないんですね。汗と一緒に体内から出てしまったミネラルの補給にもならないので、足がつりやすくなったり、それがもとで大きなケガにつながることもあります。その点、スポーツドリンクは運動時を想定した飲料なので、汗で失われたものを補うことができます。逆に、エアコンの効いた部屋でごろごろテレビゲームをしているだけならスポーツドリンクは必要なく、お茶や水で十分です。エアコンで乾燥している状態なので水分補給は必要ですけど、糖分や塩分はさほどいりません。このように、状況によって飲むものも変えていただければいいかと思います。とはいえ、スポーツドリンクは甘く、口のなかがベタつくのが気になるという声も多いです。それが嫌だと薄めて飲む人がいますが、これは絶対にやめて

水分の流れ

ください。薄めると意味がなくなってしまいます。甘さ、口のなかのべたつきが気になる場合は、スポーツドリンクのほかに、口のなかをすすぐ役目を果たしてくれる水や麦茶を一緒に持って行くといいでしょう。また、経口補水液はべたつかないのでこちらに変えるというのもひとつの手です。

廣瀬　なるほど。そういう対処のしかたがありますね。

池田　また、水分補給は食事からもできますよ。汗をたくさんかく練習前や、かいたあとの食事に汁物をつけたり、めん類にすることで食事からの水分補給になります。

成長期のダイエットは将来に弊害をもたらす

母親　娘が年頃になると、だんだん体型を気にするようになって、ダイエットなんて言い出すのかなと想像しています。練習にはしっかり食べることが必要なのに、そのときはどうしたらいいでしょう？

池田　私が指導している女の子たちのなかにも、体脂肪は増やしたくないけど、筋肉量は上げたいという子が結構います。夕食にごはんは食べないとか、少なめにするとかいう子が多いです。でも、そういう子を見ていると、１日の必要エネルギー量が足りていないので貧血になっていたりパフォーマンスが落ちたりしています。

母親　それはそうですよね。

池田　体脂肪を気にしている女の子たちは主食を食べなくなることが多いので、別のものから糖質が確保できるようにしましょう。たとえば、サラダを野菜サラダから、ポテトサラダやマカロニサラダにするというように。とはいえ、それをずっと続けるわけにもいかないですし、もちろん、サラダだけでは十分な量を確保できません。ですから、本人が理解できる年齢に達しているようでしたら、しっかりと話をして知識をつけてあげてください。なぜこの食材が、栄養素が必要なのかということですね。ただ「食べなきゃダメでしょう」と言っても食べないので、そこは工夫が必要になってきます。「夜ごはんは軽くていいから、朝ごはんだけはしっかり食べよう」などと話し合う、体重チェックを習慣づけるなどするといいかなと思います。私も小中学生の子には「体重計にのるクセをつけなさい」と必ず指導しています。

母親　体重計にのって、どんなチェックをするのでしょうか。

池田　練習量が増えてくると、体重が増える子よりも減る子のほうが多いですから、おかあさんたちには体重の管理や月経周期のチェックをお願いしたいですね。ただ女の子の場合、何キロ、と数字を書かせると嫌がりますので、体重が増えたか、減ったか、それだけでも記録してもらうといいと思います。そして、１カ月で先月より増えたのか減ったのかを確認し、それを材料に、「お米をしっかり食べたけど増えていないから大丈夫だね」と数字で示していく。また、脂質は同じ量の糖質に比べてエネルギー量が倍以上ありますので、洋食メニューを多めにして脂質をうまく使うというやりかたもあります。

母親　洋食メニューだと少ない量でも満足感があるかもしれませんね。

池田　バドミントンは瞬発＋持久系の競技なので、一瞬の判断力や体のキレと長時間試合を続けるための持久力と集中力がポイントになります。選手には糖質のエネルギーを多めに確保してもらいたいのですが、嫌がるお子さんにはそこに脂質をプラスする。たとえば、自宅でサラダにノンオイルドレッシングを使っているようなら、オイル入りのドレッシングに変更してみる。いずれにせよ理解できる年齢に達しているようでしたら、お子さんとじっくり話をしていただきたいですね。

廣瀬　将来アスリートとして、どのようになっていきたいかということですか？

池田　それもありますが、女の子の場合この年代にちゃんと体をつくっておかないと、将来子どもが産めなくなってしまうことも考えられます。成長期の子どもの子宮は未発達な状態で、ここから成長していくべきときにそのためのエネルギーが足りていな

競技の種類によって、とりたい栄養素は変わってくる

競技分類	競技	競技の特徴	どんなものをとるか
瞬発系	野球 短距離走 走り幅跳びなど	短時間のうちに持続的なパワーを発揮する瞬発力を高めるため、筋肉をつくる必要がある	たんぱく質を多く含む肉・魚・卵・大豆製品・乳製品を積極的に。たんぱく質の合成を助けるビタミンB6、ビタミンC、亜鉛。筋肉の瞬発的な動きをよくするため、ナトリウム、カリウム、マグネシウム
持久＋瞬発系	水泳 バスケットボール サッカー テニスなど	パワー・スタミナ・テクニックをバランスよく兼ね備えている。激しいぶつかり合いに備えた骨格の強化	たんぱく質を多く含む肉・魚・卵・大豆製品・乳製品を積極的に。たんぱく質の合成を助けるビタミンB6、ビタミンC、亜鉛。カルシウムやマグネシウムも忘れずに
ウエイトコントロール系	体操 柔道など	筋肉の大きさや体脂肪量が結果に直接関係する	高たんぱく低脂質の食事を心がけ、代謝を促すビタミンB群をしっかりと
持久系	長距離走 マラソンなど	運動量や持続時間があるのでエネルギーの消費が高い	動き続けるため糖質の補給をしっかりと（ごはん・パン・めん・餅など）。発汗量が多いのでナトリウムなどのミネラルの補給
瞬発＋持久系	**バドミントン** ソフトテニス 卓球　バレーボール 剣道　中距離走など	一瞬での判断力や体のキレと、それを継続させるための持久力が必要	筋肉の瞬発力をアップするためにナトリウム、カリウム、マグネシウムなど。動きを継続し、脳のエネルギー源にもなる糖質の補給
筋力系	砲丸投げ 相撲など	筋肉の強化	たんぱく質を多く含む肉・魚・卵・大豆製品・乳製品を積極的に。たんぱく質の合成を助けるビタミンB6、ビタミンC、亜鉛

いと、選手生活が終わったあとに子どもがほしいと思っても妊娠しにくい、妊娠できないということが起こらないともかぎらない。だからこそ、話がわかる年代になっているようでしたら、一度じっくりお子さんと向き合い、体について話し合っていただきたいなと思います。

母親　どんな話をすると、子どもが耳を傾けやすいのでしょうか。

池田　直接食べることの重要性を説いても聞いてくれないようなら、肌が荒れているのは栄養が足りていないから、など本人が気にしている方向から話をする。年齢的に親の話を素直に受け止められないときでもありますから、ＳＮＳにそんな話があがっていたことや、栄養士さんが言っていたよなど、何か本人に響くものを引用して伝えるという方法もありますね。

母親　確かに、ＳＮＳなどの利用はいいかもしれません。

池田　あとは、脂質の面では少し前に流行ったＭＣＴオイル（中鎖脂肪酸食品）はエネルギーになりやすいので、普段使っている油をそちらに変えるなど、いろいろチャレンジしてみるのもいいですね。食べないといっても、食べないとお腹が空くので何かは食べているはずなんです。その何かをどうとるかということなので、お菓子を食べているならそれ自体で栄養がとれるものを探してみてください。

栄養をとりやすいお菓子ととれる栄養素

食品名	摂取が期待できる栄養素
するめ	たんぱく質・カルシウム・ビタミン・タウリン・亜鉛
ドライフルーツ	炭水化物・カリウム・食物繊維・ビタミンC・鉄（素材による）
ナッツ	たんぱく質・食物繊維・カルシウム・鉄・ビタミンE・ビタミンB群
チーズ	たんぱく質・カルシウム・リン・鉄・ナトリウム・ビタミン（C以外）
グミ	たんぱく質・糖質・ビタミン（商品による）・食物繊維（商品による）
揚げない大学芋	糖質・食物繊維・カルシウム・マグネシウム
卵ボーロ	糖質・カルシウム（商品による）
ごませんべい	糖質・たんぱく質・カルシウム・鉄分
ポップコーン	糖質・食物繊維・たんぱく質・ビタミン・鉄・亜鉛

日本食品標準成分表2020年版（八訂）参考
福井透著『症状改善のためのビタミン・ミネラルの摂り方』（丸善株式会社）参考

＊その他、栄養補助バーなど栄養強化食品を使うのもあり
＊脂質の高いスナック菓子や洋菓子は避ける
＊和菓子や果物などビタミン類が補給できるものがおすすめ

母親　お菓子にも栄養がとれるものがあるのですね。

池田　はい。とはいえ、お菓子でお腹いっぱいにするのではなく、お菓子は楽しみとしてとること。アスリートにとって間食は補食タイムですので、やはりしっかり食事をとりつつ足りないものを補うのだということを、お子さんにもお話ししていただければと思います。

第3章の習慣（まとめ）

16 練習に向けた食事＋成長に必要な栄養が欠かせない

17 糖質を中心に補給してから練習に入る

18 いろいろな栄養素が揃っていることがそれぞれを活かせる状態をつくる

19 忙しければ、お惣菜や冷凍食品を利用する

20 アスリートの食事はフルコース型。さまざまな食材を使う

21 可能な状況であれば、練習前に夕飯を食べさせる

22 成長期の子どもの朝ごはんはエネルギーを確保するチャンス

23 人間の体は食べて吸収されたものでできている

24 ケガをしやすい場合、カルシウム、ビタミンCを積極的に摂取する

25 試合前日はエネルギー源になる糖質を普段より多めにとる

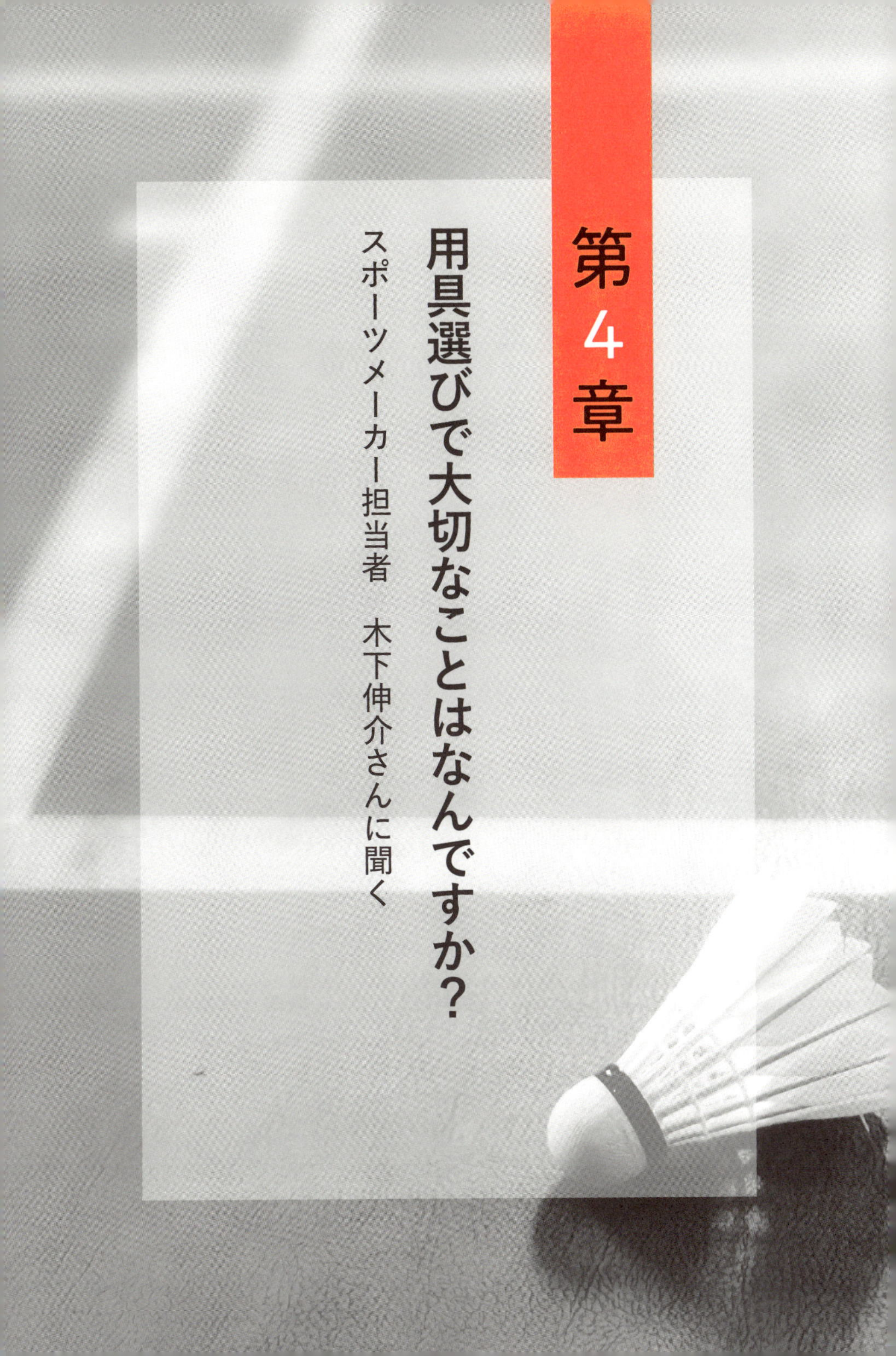

第4章

用具選びで大切なことはなんですか？

スポーツメーカー担当者　木下伸介さんに聞く

新しいラケット、新品のシューズを手に入れたときは気持ちがうきうきし、早く練習がしたくてたまらなかった。

つまり、バドミントンは用具なしではできないスポーツなのだ。バドミントンを始めるとき、この部分の話は避けて通れない。

バドミントングッズの話なら、ヨネックスの木下伸介さんだ。私が三洋電機に所属していた頃から、そして、選手生活の終盤はヨネックスとプロ契約していたこともあり、お世話になった。木下さん自身、かつてトナミ運輸の選手だったため選手の気持ちに沿ったサポートがありがたかった。

豊富な商品知識をもとに、子どもたちに合ったシューズやラケット選びのコツ、ウエアの重要性など、ヨネックスの最新モデルについても話してくださるにちがいない。

再会を楽しみに木下さんに会いに出かけた。

成長に合わせたシューズ選びを

廣瀬　バドミントンは足を使うスポーツなので、シューズ選びはとても大切だと思います。流行りの傾向はありますか？

木下　今の傾向でいうと、デザイン重視で選んでいる人が多いですね。トップ選手が履いているデザインに流れていく傾向があります。ただ、開発の視点でお話しすると、デザインよりもやはり性能。ここで選んでいただきたいんですね。ヨネックスのシューズは「オールラウンド」「軽量」「クッション性」「安定性」という４本柱でみなさんにご紹介しています。

父親　それはどういうことですか。

木下　この４つの性能のうち、とくにどの部分を重視して開発しているのか、シューズシリーズごとに特徴があるのです。

廣瀬　初心者はどこをポイントにシューズを選ぶといいですか？　たとえば、小学校低学年ではどうでしょう。

木下　販売店にはそれぞれのシューズの性能をお伝えしているので、まずお店の人に

シューズ選びの性能チェック項目

オールラウンド

子どもや初心者には「軽量・クッション・安定」と
3つの性能をいずれも備える「オールラウンド」がおすすめ

レベルアップしたときに意識したい性能とプレーの特徴

軽量性

軽量により、素早く動ける

クッション性

衝撃吸収により、激しいフットワークを支える

安定性

横ブレを抑える安定性により、瞬時に反応して
素早く切り返すなど俊敏に動ける

レベルアップして、足の形が決まってくる中学生くらいの年代からは、自分が得たい性能は何かを知って、どのシューズがどの性能に長けているのか店頭やカタログで確認するといい

相談してほしい。そこで話をすることによって、自分に最適なシューズが定まってくるかと思います。ただ、小学1年生くらいだと、シューズの性能がどうかというよりは、正しいサイズかどうかを大事にしてほしいですね。

母親　小さいうちは選ぶより、サイズ重視ですね。

木下　僕らもそうですが、靴屋さんに靴を買いに行くと、必ず試し履きをしますよね。そこでサイズが合っているかどうか見てくれる。店によっては足の型をとり、しっかり測ってくれるところもある。まずはそういうところへ行き、シューズ選びをするといいんです。足型は一人ひとり違います。足囲が細い人もいれば太い人もいて、甲高もいれば幅広の人もいますから。ただ子どもは成長が早いですからね。サイズを合わせて購入しても、履いて数カ月ほどで足のどこかが痛いと言い出したら、それはもうサイズが合わなくなっているということ。買いかえを考えてあげるサインだと思ってください。

廣瀬　とくに、こうやって選ぶといいということはありますか？

木下　一番いいのは、試し履きをしてその場で性能を聞きながらステップなどをやらせてもらうことです。

母親　そうやって履き心地を試すということですね。ただ子どもにクッション性と言っても、きっとわからないですよね。

木下　わからないでしょうね。ただかつては、はだしのほうが走りやすいなんて言っていた時代がありました。僕はどちらかというと、子どもの頃ははだしの感覚に近いほうがいいのかなとは思いますね。足でいろんな刺激を感じることができますから。

廣瀬　そうですよね。子どもにかぎっては、シューズにあまり性能を求めなくてもいいのではないかという意見を聞いたこともあります。

木下　低学年は成長期の一環でスポーツをやるというところなので、性能も大切ですが、重要なのは成長に合わせ、足に痛みが出ないサイズ・靴選びを心がけてもらえればいいのかなと思います。小さな靴を履くと成長も止まっちゃいますから。

母親　それは気をつけないと。子どもの足はすぐ大きくなりますからね。

木下　うちにも子どもがいますが、靴は半年も持たないですよ。すぐに痛いと言い出して買いかえになります。もったいないですが、これぱかりはしかたないですよね。とくに外履きは、外で動き回るので型が崩れてくるんです。その状態で履かせるのもよくないので、やはり買いかえることになります。

母親　型の崩れたものはなぜよくないんですか？

木下　シューズにサポートされていい動きができるので、シューズの型が崩れてくると体のさまざまなところに負担がかかってきてしまうからです。だから、しっかりとした形状のシューズを履く必要がありますし、型崩れがサイズ同様、買いかえの目安になります。

母親　性能を考えたシューズ選びは何歳くらいから考えたほうがいいですか？

木下　そうですね。全国トップを目指すようになった頃でしょうか。もっといえば、足の形が定まってくるのは中学生くらいかな。その頃には、幅広の足なのか、甲高なのか、それぞれの足の形ができあがってきます。その年代になると、親もサイズによる買いかえの心配は減ってくるでしょうし、プレースタイルもだんだん決まってきて靴の性能を活かせるようになってくると思います。おそらく、みなさんそういう選びかたをしているんじゃないですかね。

廣瀬　はい。ただやっぱり性能の前にデザインも目に入っちゃうんですよね。かっこいいデザインにひかれます。

木下　そうですね。たとえばトップ選手が履いているのを見ると、当然のことながら子どもたちは「それがほしい」となる。確かに、最高級のシューズですが、足型が合っていないと成長やケガにつながる。たとえば本来の足型は横幅がワイドで、ワイドなシューズを履いたほうがいいのに、デザインがいいから、トップ選手が履いている

オールラウンドシューズとは

子どもたちにおすすめなのが、オールラウンドモデル。「軽量性・クッション性・安定性」を備え、やわらかい履き心地とフィット感を楽しめる。ワイド、スリムなど足に合わせて選べる

から、とそれを選んで履いている子を見かけることがあるんです。靴底が合っていないから足がはみ出すような感じで履くことになってしまう。これでは足に負担がかかるので、足のためによくないんですよね。

廣瀬　私も足の幅が広いタイプなので、選手の頃から選ぶときは足幅を一番気にしていました。幅の狭いものを履くと、足の横が痛くなり、炎症を起こしてしまうこともあるんですよね。かっこいい靴を履きたい気持ちはわかりますが、サイズ合わせは大事にしてほしいですね。

木下　シューズのひもの結び目があまっている、長い状態になっている子を見かけることもありますが、それは足の細い子が幅の広い大きなシューズを履いている証拠なんですよ。

母親　そうなんですね！

廣瀬　意外とみなさん、知らない部分でもありますよね。

木下　やはり合っていないシューズは動きにくいと思いますし、体に負担がかかるのでケガにもつながってきます。だから、シューズはすごく大切なんですよね。シューズ、ラケットというのはプレーヤーにとって特別な用具なので、デザインもありますが、性能面も含めて選んでほしいと思います。

母親　親としてできることは、子どもの声に耳を傾けることですか。

木下　痛みは一番のサインです。その声にはすぐに対応してほしいです。また、どこが痛いのか、どうなると痛いのか、そこも確認してみてください。お店に行っても「どこがあたって痛い」などの説明ができます。そうすれば、お店のほうでも対応策を考えてくれます。

母親　ショップ選びもすごく大事ですね。

木下　バドミントンの専門店には、各メーカーが情報提供していますし、店員には実際にバドミントン経験のある人が採用されているので、的確なアドバイスが受けられると思います。

母親　サイズ合わせですが、よくつま先の前が指一本分入るといい、といった話を聞きますが、それはどうですか。

木下　足の指の長さも人それぞれ、歩きかたによっても靴底のどの部分がすり減るとか、異なりますよね。履き心地もまた人それぞれで、キュッと少し窮屈なくらいのほうが好みの人もいれば、少し余裕があったほうがいいという人もいます。

廣瀬　私はきつめのシューズは苦手なタイプです。少し余裕があるほうが好きかな。

木下　本当のところはぴったりのサイズを選んでいただくとパフォーマンスのよさに

フィッティングのコツ

1. 競技用の厚手のソックスを履いて試す
2. 両足ともしっかりひもを結び、歩いたりステップを踏んでみたりする
3. 自分にとって履き心地のいいサイズを選ぶ
4. あたって痛いところがないか確認する

つながりますが、自分の履き心地のよさも大事にしてもらえればと思います。

母親 試し履きのときのフィッティングのコツのようなものはありますか？

木下 はい。まず1点がソックス。それも競技用のもの。競技用のソックスは厚手なので、薄手の学校用ソックスだと履いた感覚が少し違います。お店にはだいたい用意してあると思いますが、やはり自分がいつも履いているものが一番なので、持参したほうがいいと思いますね。二点目はただ足を入れるだけでなく、しっかりとひもを結んで、シューズの全体的な履き心地を試してください。といっても、小さなお子さんだとわからないと思うので、「痛いところはない？」など声かけをしていただくといいかと思います。

インソールの利用は必要？

廣瀬 インソールを使っている方もいると聞くのですが？

母親 そもそもインソールってなんですか。

木下 インソールは中敷きのことです。上手に使えば、地面から足にかかる衝撃を分散する効果などがあります。成長期には、かかとなどに痛みが出る場合が結構あるので、使いたいという方もいます。実は僕も痛みが出ました。小学校4年生くらいだったんですが、かかとが痛くて、痛くて。ただ、当時、購入した市販のインソールでは痛みは軽減できませんでした。専門店が近くになかったですし。

廣瀬　今はいろんな種類のインソールが出ていますよね。かかと用インソールなど、ネットで調べるとたくさん出てきます。でも、シューズに入れたらバランスが変わりそうな気がします。

木下　やはり変わると思います。かかとの痛みを軽減するために入れたのに、今度は別のところに負担がかかり、たとえばヒザが痛くなるとか、そんなことが起きる可能性はある。それは頭に入れながら試してみるのがいいと思います。足元というのは大切な部分なんです。痛みが出たら、いろいろ試してみる、工夫してみるのはいいことだと思います。痛みを我慢するよりもずっといいと思いますね。いずれにしても、成長期のことを考え、体に負担をかけないことが一番です。

体に合ったラケットの選びかた

母親　バドミントンを始めるにあたり、シューズと一緒に購入しなければいけないのがラケットですよね。もうじき1年生でまだ小さいんですが、おすすめはありますか？

木下 最初は低価格帯のラケットを参考にしてもらえばいいかと思います。それらは入門用としての使用を考えてつくられた製品です。あこがれの選手と同じものをほしがる子も多いかと思いますが、初めての一本にはオーバースペックですからね。新しいことを始める季節の春先には、専門店などがよくラケットとシューズ、ウエアをセットにした入門用を販売しています。それならすべて揃うのでお得ですし、初心者には最適かと思います。

母親 入門用ということは、こう言っては失礼ですが安っぽいということはありませんか？

木下 確かにトップ選手が使っている高性能のものとは異なりますが、使う人に合わせた設計になっていますので、心配いりません。

母親 子ども用の小さいものはないんですか？

木下 ジュニアラケットがあります。主にラケットを握ったことがない子たちが、シャトルをあてる感覚を身につける練習などに使っていますね。通常ラケットはシニアサイズと同じなので、小さな子は引きずってしまいますからね。

廣瀬 幼稚園生から始める子も近頃多いんですが、その子たちが使っていますね。

木下　小さな子が長いラケットを使うとラリーが続かなくて、面白くないということになってしまいかねないのですが、ジュニアラケットだと打ちやすく、ぽんぽんあたるので面白くなってくるんですよね。とにかく、面白いと感じてもらうことが一番ですからね。小さな子にバドミントンの楽しさを味わってもらうには、短いラケットは有効な一本といえます。

廣瀬　本格的にバドミントンを始めるようになったら通常のラケットにする、ということですね。

木下　それからでも遅くないですからね。

父親　ジュニアラケットから一歩進み、一般のラケットになったらどう選んだらいいですか？

木下　まず製品が一覧となっているカタログを見ていただくことをおすすめします。カタログにはどのようなプレーヤーを対象としているか、コントロールプレーヤーか、攻撃型かなどのシリーズで分けられているので、わかりやすいと思います。

廣瀬　カタログは見ているだけで楽しくなりますよね。

母親　そんなにプレーによって違うんですね。

木下　はい。コントロール型や攻撃型、操作性重視など、プレースタイルによってフ

ジュニアラケットと一般ラケットの大きさのちがい

競技向け
一般ラケット
長さ
10ミリロンガー
（約670ミリ）*

競技向け
ジュニアラケット
長さ
レギュラー
（約660ミリ）*

ジュニアラケット
長さ
約530ミリ*

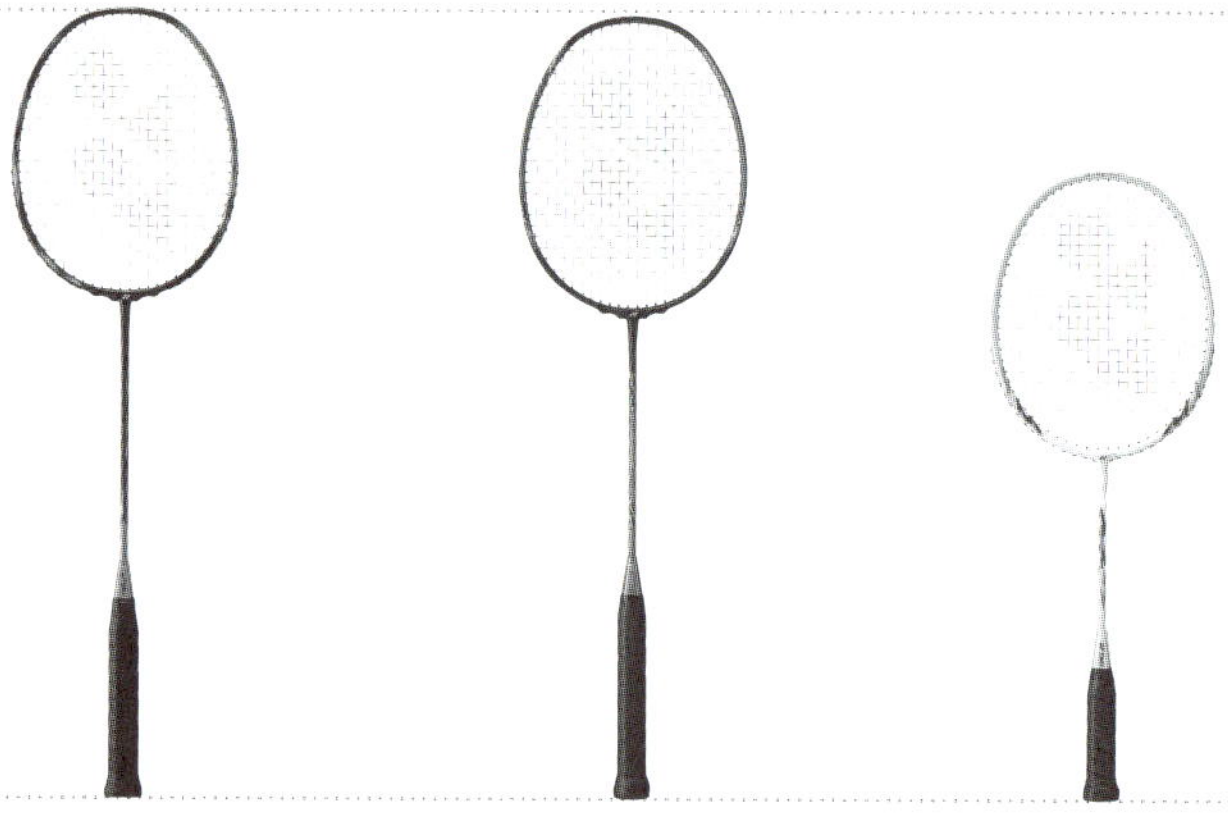

ASTROX 77 PRO
アストロクス 77 プロ（AX77-P）

長さ：10 mm LONGER
大人用

NANOFLARE JUNIOR
ナノフレアジュニア（NF-JR）

長さ：レギュラー長

MUSCLE POWER 2 JUNIOR
マッスルパワー 2 ジュニア（MP2JRG）

身長：90cm～ 110cm
ジュニア用（3 歳～ 5 歳推奨）

＊出版部計測

レームの厚みなど形状が違います。お子さんたちからどんなプレーをしたいのか話を聞いて、それを参考にして選んでいただければいいかなと思いますね。あとは専門店で相談していただければスタッフが好みのものを選んでくれると思います。

グリップテープの必要性

母親　グリップに選手のみなさんはテープを巻いていますが、どんな役割を果たしているんですか？

木下　基本的に、手汗を吸収するためにみなさん巻いています。グリップテープがないとちょっと滑るんですよ。グリップテープはさまざまな素材でつくられていて、タオル素材のようなものもあれば、ウエットなもの、ドライ素材のものなどがあります。

母親　どれを使うのがおすすめですか？

木下　これも好みですね。握ったときの感触が違うので、試してみてしっくりくるものを選ぶといいでしょう。個人的にはタオルタイプが好きですが。

母親　グリップテープは買った最初からつけるべきなんですか？　巻くのはどうしたらいいんでしょう？

木下　最初から巻いていますね。ショップでも巻いてくれます。だいたいはみなさん、自分で巻いています。巻きかたにもこだわりがそれぞれあるんですよね。

廣瀬　私は小さな頃から自分で巻いていました。色の種類も豊富で、選ぶのが楽しくなります。

木下　ラケットやウエアとのコーディネイトで考えるのもまた楽しいですよね。

母親　どのくらいのタイミングでかえるものですか？

木下　トッププレーヤーはもうかなりの頻度でかえているんじゃないかな。

廣瀬　トップ選手は触り心地などの感覚ですぐにかえる選手が多いです。また、大会前に必ずグリップテープをかえるという選手もいます。

父親　それは気分転換？　ゲン担ぎですか？

廣瀬　使い続けているとどうしてもツルツルになって滑るので、新しいもののほうがやりやすいんです。好みの問題ではありますが。

木下　巻きかたもグリップ全体に巻く人もいればグリップの上のほうだけ巻く、下のほうだけ巻く人もいる。テープが重なる部分の幅も人それぞれ、ですよね。

廣瀬　私はグリップの上のほうまで使うから、必ず上までしっかり巻いていました。

父親　いろんな種類があり、自分で自由に工夫する余地が高いということがわかりました。

木下　ヨネックスで発売しているグリップテープはさまざまな研究を重ね、人それぞれに選んでいただけるよう、種類が豊富に揃っています。素材、色から、自分好みの一本を見つけてください。

ウエアは夏の汗、冬の防寒も考えながら

母親　ウエアはどうですか？　練習のとき、普通のＴシャツでもいいんでしょうか。

木下　バドミントンウエアをお求めいただくことをおすすめします。専門のウエアなら、汗をかいても体に張りつきにくい構造になっています。バドミントンという競技を考え、腕の可動域を広げやすく、スマッシュが打ちやすいバドミントン専用設計のものなど、よりプレーしやすい設計になったウエアもあります。やはりそういうもののほうが普通のＴシャツよりも動きやすいと思いますね。

廣瀬　汗も早く乾きますよね。

木下　汗をかくので、ウエアは毎日洗濯する必要がある。そこを考え、次の日にもまた洗濯して着られるよう、早く乾くような性能にしているんです。

母親　それは助かります。

廣瀬　軽くて動きやすいのもいいですね。

木下　ウエアは各メーカーで出しています。成長期の子どもたちには買ってもすぐに小さくなってしまいますが、できればウエアは体型に合ったサイズを選んだほうが体にフィットして動きやすく、プレーの邪魔にならないと思います。そのため、当社では幅広い体型に対応できるよう、ジュニアサイズも取り揃えています。

廣瀬　冬の体育館は寒いので、着込む必要がありますね。

木下　ウォーミングアップのときは上下ともウォーマーを着てもらって、熱くなったら1枚ずつ脱いで、最終的には半袖短パンの練習着、というのが冬場の練習には一番いいのかなと思いますね。アウターにはヒートカプセルなど、赤外線で充熱した暖かい商品もあります。練習では休憩時間など、コートに入らず動かない時間帯もあると思います。そのままでいるとすぐに冷えて風邪をひいてしまいますので、このようなウエアが1着あると防寒対策になりますよね。

母親　しっかり持たせるようにします。

木下　夏場は汗、冬場は寒さ対策とウエアはやはり数枚用意するほうがいいかと思います。

高機能アンダーウエアSTB

筋肉と骨格をベストポジションに導いて、動きやすくなる効果が期待できるアンダーウエア

廣瀬　アンダーウエアとしては、ヨネックスには高性能アンダーウエアのＳＴＢというものがありますよね。小学校３、４年ぐらいの年齢の子が着ても問題ないですか？

木下　体にぴったりとフィットするＳＴＢですね。長袖シャツやスパッツなどがあります。どちらも目的は筋肉と骨格をベストポジションに導くこと。つまり、体の機能をサポートしたり、引き出したりしてくれるので動きやすくなります。小学生の年代から、試合でも練習でも着用して問題ありません。

ストリングは1カ月をめどにメンテナンスを

廣瀬　グッズといえば、消耗品のストリングもありますね。

木下　子どもの場合、ストリングが切れるもっとも多いパターンは、床でこすってフレームのてっぺんがすれて切れてしまう、ということですね。これがトップ選手になると、硬いテンションで張っているところに何度も同じポイントに球があたることによって切れてしまう、という傾向にあります。トップ選手ならではですよね。子どもの場合は基本的に放っておいても切れるということはないと思います。

父親　放っておいても切れないというのは？

木下　買った瞬間からストリングはどんどん伸びていくからです。１カ月放置すると、かなりゆるくなるので切れないんですよ。そんなストリングの特性を考え、１カ月に一度の張り替えをおすすめしています。やり始めた子どもでもメンテナンスはしっかりされたたほうがいいでしょう。

父親　よく切れる場所はありますか？

木下　いわゆるスイートエリアといわれるところは、バドミントンの場合、だいたいラケット面の中心にあります。トップ選手がもっとも切るところですが、初心者ではそこを切ることは難しいでしょうね。

廣瀬　そう考えると、逆に子どもの場合はスイートエリアで切れることを、ひとつの上達の目安にできそうですね。ストリングの張りかたは硬いほう、ゆるいほう、どちらがいいですか？

木下　硬いとコントロールが難しくなるし、肩やヒジに負担がかかってくることもあるので、パワーがある人向きですね。パワーがない人はゆるい張りのほうがいいでしょう。子どもはまだパワーがないので、ゆるい、やわらかな張りかたのほうが向いていると思います。

父親　成長期はゆるめのテンションで始めて、上達してきたらテンションを硬くして

バドミントンラケットのスイートエリア

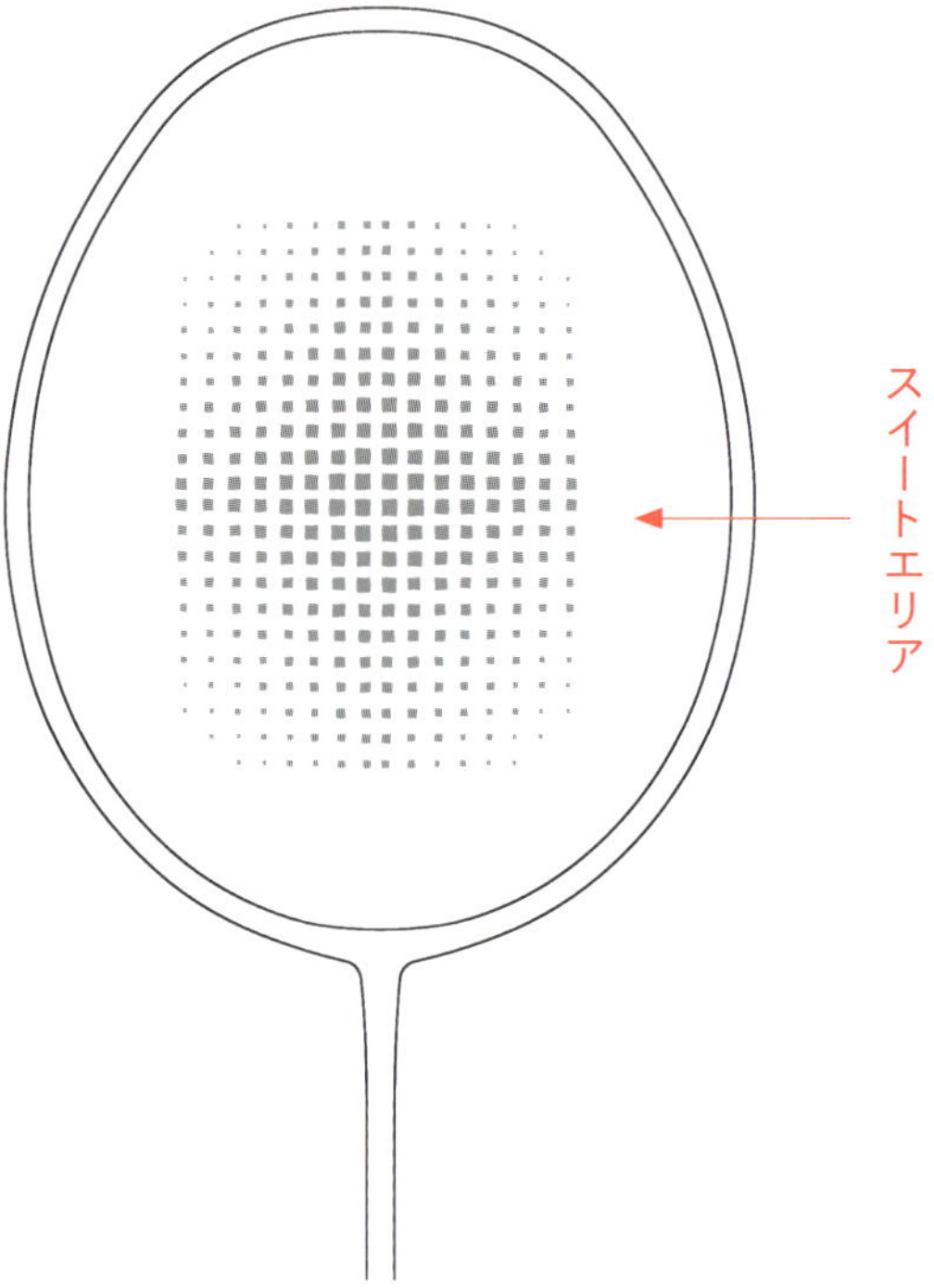

スイートエリアはラケット面のほぼ中心付近にある

いけばいい、ということになりますか。

木下　そうですね。硬くなっていくにしたがって、シャトルがあたる音もよくなっていくんですよ。だから、そちらのほうがいいなという思考になっていくんでしょうね。

廣瀬　私はどちらかというと攻撃的なプレーをするほうでしたが、少しやわらかめのほうが打ちやすかったです。

父親　ストリングが切れたときはどうしたらいいでしょう。

木下　そのまま放っておくとラケットが折れてしまいます。ストリングが切れたことでラケットの一部に負担がかかり、そこから折れることがあるんです。

廣瀬　硬ければ硬いほど負荷がすごくかかります。とくにトップの男子ダブルスの選手はすごいポンド数でテンションをかけるので、よけい折れやすくなりますから、ストリングが切れると選手たちはその場で切れていない部分もハサミなどで全部切っています。

母親　その場面、見たことがあります。そういうことだったんですね。ストリングを張るのはショップでやってもらえますか？

木下　はい、専門家にやってもらうのが一番です。また、一口にストリングといっても張りかた同様、打球感、反発力、操作性など、種類によってこだわっているポイントがまったく異なります。とくに初心者用というものはないので、ネットショップなどで購入するよりも、実店舗で相談していただくといいかと思いますね。ラケットとの相性もありますしね。やっていくうちにたぶんこだわりが芽生えてくると思いますので、そうなってきたら自分のプレーの好みに合ったものを選ぶようにしていくといいでしょう。

廣瀬　ヨネックスのカタログにも詳しく掲載されているので、そこで探してみるのもいいと思います。

初心者の練習用にはナイロン製シャトルがおすすめ

父親　シャトルはどうでしょう？

木下　バドミントンのシャトルコックはご存知の通り、水鳥の羽根でできています。でも、水鳥のものは高価なので、初心者が練習で使うならナイロンシャトルでも十分だと思います。ヨネックスでは「メイビス」という商品がナイロン製のもので、屋外で使用することを考えてつくられた「メイビスフィールド」という商品もあります。

廣瀬　この本の最後に子どもたちが家でできる練習を紹介しますが、そのときにも重宝しそうなシャトルですね。

木下　自宅での練習や、シャトルをあてる感覚を身につけるならこれで十分。水鳥は競技に入ってからでいいと思いますね。

第4章の習慣（まとめ）

26 成長期のシューズはデザインより性能重視で選ぶ

27 足のどこかが痛いと言い出したら、サイズアウトしている

28 型崩れしたシューズは体に負担をかける

29 競技用の靴下を着用して試し履きをする

30 ジュニアラケットは小さな子がバドミントンの楽しさを知る一本

31 パワーがない子どものうちのストリングはゆるく、やわらかな張りかたで

第5章

がんばる力をどう引き出せますか？

小学校教員でジュニアクラブコーチ　津田文子さんに聞く

スポーツを始めるということは、子どもが家庭と学校以外にもうひとつ、新たな環境を得ること。私たち親が守ってあげられる環境から、また一歩飛び出していくことでもある。

親としては子どもがそこでうまくやっていけるのか不安な気持ちになるが、親として成長しなければならないということなのかもしれない。現在のクラブチームはどのような考えのもと指導をしているのか、ぜひお話を聞いておきたい。

ジュニアの指導に関しては面識があった、能登則男先生に連絡をとった。日本小学生バドミントン連盟の理事長を務めている方だ。能登先生は、「僕の教え子で現在、指導にあたっている適任者がいるよ」と紹介してくださった。それが、津田文子さんとの出会いだった。

能登先生のもとで小学生の頃にバドミントンを始めたという。小学校の教師で、ご家族全員がバドミントンをやっているそうだ。二人のお子さんは津田さんが指導しているチームでバドミントンを始めたとか。お話が聞けるとはなんとありがたいことだろう。

わくわくしながら待ち合わせ場所に向かった。

競技をスタートさせる適正年齢とは

廣瀬　以前はバドミントンを始めるのは小学校に入ってからが主流でしたが、今は何歳くらいからスタートしている子が多いですか？

津田　一概には言えませんが、うちのチームの場合、5歳ぐらいで入ってくる子が一番多いですね。

父親　神経系の発達に合わせてということかな。

津田　そうですね。今は小学2年生の段階でハイバックが打てるくらい、技術がかなり確立しています。小学生の学年別に戦うABC大会のCクラス（1、2年生の部）は技術レベルが年々上がっているように感じます。

廣瀬　私の小さな頃は技術というより、その子の特徴を活かしたプレーという感じでした。

津田　かつてはチームで一斉に練習をすることがほとんどでした。だから、小さい子は素振りやサーブ練習、フットワークなどの基礎練習を中心に練習してきました。今は小さい子でも保護者や指導者がついて手投げノックや、ストロークの練習をしています。5歳から始めていれば小学2年生でも十分な球数を打っているので、早めに始めるか、スタートが遅いかでは、技術力という点からすると天と地の差が試合で出てしまいますね。

父親　それほどの差がつきますか。

津田　つきますね。小学2年生で始めてポーンポーンとラケットにシャトルをあてる練習をしている横で、同じ2年生の子がハイバックを打っている、ということになりますから。同い年の子がそんなプレーをしているのを見たら、追いつこうという気持ちがなくなってしまう場合も多いと思いますし、親も初見でそれを見たら我が子にやらせようと思うかどうか。でも、小学生の間だけを見ると同じ2年生でもキャリアが何年も違いますが、長い目で見ればたった数年の違いです。本人の楽しい、好き、という気持ちが一番大切です。やりたい、楽しいと思ったときが始めどきで、その気持ちが熟すまで待つことも必要だと思います。

苦手な練習に取り組ませるには

父親　苦手なもの、やりたくない練習は集中していないのが見ていてわかります。苦手でも積み重ねが大事なのでちゃんとやらせたいのですが、そんなときはどうしたらいいでしょう。

津田　チームで練習しているとひとりだけやらないということはできないのですが、同じ練習をやっていても、好きなゲーム練習だけ一生懸命やって、嫌いなトレーニングはあまり真剣にやらないという子はいます。というか、子どもも大人もそういうところはあるのではないでしょうか。

廣瀬　そういう場合はどうしているんですか？

津田　その子の横について指導するようにしています。子どもも自分にはこの練習が必要だということはちゃんとわかっているんです。でも、やりたくないという気持ちに負けちゃうんでしょうね。だから、大人が少し導いてあげることが大切だと思います。あとはその子のライバルの横で練習させる。トレーニングなど、ライバルの子と並んでやらせるんです。ここから勝負だよ、という感じにすると、子どもは競争が好きですから効果がありますよ。

母親　親にできることはありますか？

津田　そうですね。一緒に考えることでしょうか。ここが足りないからこれを一緒にやってみようか、とプランを立てるところは大人が入ってあげたほうが、子どももやりやすいかと思います。

廣瀬　確かに。私も小学2、3年生の頃、毎朝学校に行く前に、母が一緒に走ってくれました。一緒にやってくれることがうれしかったし、そこから私も意識が変わったと思います。

津田　苦手な部分を保護者が補うとなると、廣瀬さんのおかあさんのように一緒にやれるものがいいですよね。ランニングもそうですし、かんたんな筋トレとか、ストレッチ。そうしたものがいいと思います。その部分、実は団体練習が中心だとどうしても不足する部分なので、自宅でやってもらえるといいですね。親が一緒に参加すると、子どもたちがさらに練習をがんばれるようになります。

母親　会話も増えそうですね。

叱るときもほめるときも、先につなげることが大切

廣瀬　私も親になって日々子どもと接していると、叱らなければいけないとき、怒りそうになるとき、いろいろあります。今の現場はいかがでしょうか？

津田　子どもを叱るのは難しいですよね。どのようなやりかたが子どもを伸ばすこと

になるのか、試行錯誤の日々といったところで、現在は「なぜ、それを言われているのか理解させること」が大切といわれています。確かに大事なことなのですが、スポーツにおいては自分の課題を理解してから行動すると時間がかかる。今も昔も指導者や保護者は理由があって叱っていると思うのですが、「それはだめ」「はい」と言うきと「なんで？」「こうだからだよ」と一段階踏むときでは納得して練習する時間が大きく変わってしまいます。そこで、保護者は先生や指導者に叱られたときに「なぜそう言われたのか」と一緒に考えてあげられるとよいと思います。それを繰り返すことで子どもは、「叱ってくれることはありがたいこと」「自分のために言ってくれている」と考えられるようになり、叱られることを恐れずに素直に聞き入れられるようになると思います。家庭では、「なぜ、あなたはこういうことをしたのか」を問いかけて、それがなぜいけないのか、その理由を伝える。難しいことですが、小学生のときにしかできないことかなとも思います。

廣瀬　理論立てて理由を教えるということですね。とはいえ、小学校低学年の子には話してもまだわからないことも多いかもしれません。

津田　そうなんですよね。たとえば、低学年の子は試合に負けると泣きだすことが結構あります。私も思いますが、親はなぜか子どものことになると、自分のことより感

叱るときのステップ

STEP 1

行動の原因

なぜそれをしたのか問いかける、
その気持ちに寄り添う

STEP 2

いけない理由

なぜそれがいけないのかを伝える

素直な受け入れ

叱ってくれているのは自分のためだと考えられるようになる

情が大きく動く。おとうさん、おかあさんには子どもと一緒に涙するのではなく、子どもより大きな存在で見守っていただきたいと思います。それができないとそこから先、子どもに寄り添い、サポートすることが厳しくなってしまいます。強くなるには、悔しい気持ち、感情を抑えるということを学ぶ必要があるので、おとうさん、おかあさんには、ぜひ感情を少しずつ抑えることができるよう、お子さんたちに教えていただきたいですね。

母親　逆に、泣いて戻ってきた子どもに対して怒鳴っているおとうさんを見たことがあります。

津田　現在はチームに預けてお任せするのではなく、保護者も練習にかかわって子ども一人ひとりに手厚く支援するチームが増えていると思います。怒鳴ってしまったお父さんも深く練習にかかわっているのかもしれません。ジュニア時代は親がときにコーチであり、サポーターであり、という関係になりがちなので感情がよけいに入ってしまうことがあるでしょう。これまで、たくさんの選手や保護者を見て、私自身学んでいるのは、目の前の勝ちに本気で貪欲になることと同時に、本気でバドミントンに取り組めている状態を「楽しむ」気持ちを忘れてはならないということです。強くなればなるほど、子どもも親も苦しくなるときがあります。楽しめないときもあります。

しかし、子どもも親も指導者もバドミントンを「楽しい」と思って続けてきたことを思い出し、楽しいバドミントンを支えてくれている人たちに感謝する気持ちを思い出せば、負けて戻ってきたら怒鳴るのではなく、課題をともに考え、「またがんばろう」と声をかけていただけると思うのです。

廣瀬　今の子育ては、ほめて育てる風潮があるように感じるのですが、効果的なほめかたというのはありますか？

津田　そうですね。たとえば、試合に勝ってほめてあげるとき、ただほめるだけではそこで終わってしまう可能性があります。先につなげるためにも「ここがよかったね」とか、「あの場面では、苦しかったところを強気でいけてよかったね」などといったほめかたをしていただくと効果的です。

母親　技術的なことがわからないこともあって、どうしてもただほめるだけになってしまっている気がします。

津田　たとえば、負けたとしても、最後まであきらめないでねばり強くプレーをしていたかどうかは見ているとわかりますよね。「あきらめないでよくがんばったね」といったように、できるだけよかった部分を添えてほめてあげてください。そうすると、次も絶対に最後までがんばろうと思うはずです。

父親　淡白な試合をしたときはどのような声かけが適切ですか？

津田　そういう試合はたとえ勝っても次につながらないので、よくなかったところをはっきりと指摘してあげる。今日より明日、よくなるように次につながる声かけを心がけていただき、しっかりできているかどうか見届けてあげてください。

母親　いいところを見つけ、よくないところもしっかり見るということですね。

廣瀬　子どもは子どもながらに、ここでがんばらないとおとうさん、おかあさんをがっかりさせちゃうかなと思っているんです。私は子どもの頃、そう思っていました。

津田　子どもはおそらくみんなそう思っていますね。やっぱり親に認めてもらいたいんです。その反動でうまくいかないと、ふてくされる、無口になるなどといった行動に出る子もいます。親は子どもに勝って笑顔を見せてほしいと思い、子どもは子どもで親を喜ばせたい、根本にあるのは同じ思いなんですよね。

母親　叱るのも、ほめるのも、難しいですね。うちは子どもが二人いますが、性格が違うのでまた難しくて。

津田　そうですよね。私たちもかつてはみんなまとめて叱るということですんだのですが、最近はそうはいかないですね。叱られて伸びる子もいれば、叱られると萎縮してしまう子もいるし、ほめられて伸びる子もいます。子どもの性格にもよりますね。

試合後に子どもが伸びる、ほめかた

よかったところを具体的に伝える

チェックポイント

1　劣勢のときにねばれたか

言葉がけの例　あきらめないでよくがんばったね

2　試合前に考えた課題を意識できたか

言葉がけの例　最後まで意識できたね

3　相手に向かっていけたか

言葉がけの例　声を出してがんばれたね

4　試合中のマナーはよかったか

言葉がけの例　態度が立派だったよ

5　コーチの話を聞けたか

言葉がけの例　ちゃんと話が聞けたね

大事なことは、叱るときは本気で叱るということ。上辺だけだと子どもに伝わります。あなたのためにこれは絶対に必要だから、あなたはここを直さなければ先に進めないから、など気持ちをしっかりとこめて叱ることが重要ですね。

母親　スポーツをするということは、親も成長する機会であると言えそうです。

集団生活にどうなじむか

母親　チームに入ると集団での活動になりますよね。子どもが集団生活にうまく溶け込めるのか、少し心配です。

津田　スポーツが得意な子は比較的、活発な子が多い傾向にありますので、内気な性格の子は集団競技だと周りに押されちゃうみたいなところがあるようです。でも、バドミントンの場合、基本は個人競技なのでそこまで心配しなくても大丈夫ではないかと思います。また、縦割りで学年があるので、学年に応じた役割というのがチーム内にはできているんですね。親が心配しなくても、上の学年の子が自然と下の子たちの見本になったり、サポートをしたりしてくれるんです。チームによっては中学生もいるので、同学年で生活する学校より、親としては任せることができる環境だと思います。

母親　チームに入ったことによって、さまざまな年代とかかわりができるということでもありますね。

津田　はい。多くのクラブチームは学校別ではないので、集まってくる子どもたちは年代も居住している地域もさまざまです。また、立ち上げたばかりのクラブでないかぎり、ルールのようなものができているので、何かうまくいかないことがあっても助けてくれる土壌はあります。親は出ていかなくても、上の子たちがしっかりサポートしてくれます。たとえば、合宿。うちの子はいつも洋服を脱ぎ散らかしているけど大丈夫かしら、とおかあさんは思いますよね。うちの子が迷惑かけてないかしらとか。そうしたとき、その場で年上の子どもたちがどうしたらいいか教えてくれます。役割ができているんですよね。逆に、そこで親が出ていくとうまくいかなくなってしまうことが考えられます。だから、親はその集団のサポートに徹していただくことが一番だと思います。

チームでは、年上の選手が年下の選手のサポートをするなど役割ができていることが多い。
保護者はそれを見守って、集団のサポートに徹したい

チーム内で問題が生じたときの適切な対応とは

母親　練習に行きたくない、と言い出したら、どうしたらいいでしょう。

津田　理由にもよりますが、ちょっと飽きてきたとか、めんどうくさいと思っているのであれば、何かできることを探してみてはどうでしょう。その日の小さな目標を持たせてあげるという方法があります。プレーのことでなくてもかまわないんです。たとえば、最後の片づけを今日は絶対一番乗りでやる、苦手だけどトレーニングを最後までがんばるなど、なんでもいいんです。子どもが少しがんばったらできること、それができたらほめてもらえるというものを、毎日ひとつ目標にする。そうすることで、その先に大きな目標ができていくと思います。

廣瀬　そこからがんばる力がついてくるということですね。

津田　はい。心がけひとつでできそうなことでも積み重ねていけば、勝手に力がついてきます。

父親　ほめられることがやる気につながり、やる気が出るからまたほめられ、といい循環ですね。

津田　問題は練習に行きたくないという、その理由ですよね。人間関係なのか、練習をがんばりすぎてオーバーヒートしちゃったのか。それともバドミントン自体に興味がなくなってしまったのか。人間関係に起因するものであったら、すぐに指導者に相談するべきです。それはもう、一刻も早く。人間関係の場合、我慢したところでうまくいくことはないからです。

母親　子どもだから、と考えないということですね。

津田　以前だったら、個人間の問題は当人同士で解決してくださいなど、子どものもめごとに親は口を挟まないというような風潮もあったかもしれませんが、現在のジュニアでは、保護者が大きくかかわっていることがほとんどです。子ども同士のトラブルでも、時間が経つほど保護者間のトラブルにつながることもあるので、すぐに指導者に話をしてください。

母親　そのような場合、チームはどのように対処するのですか？

津田　時と場合によりますね。本人たちと話をすると、子ども同士は意外とすぐに互いを許すことができ、その後は結構ケロッと仲よくしています。これはスポーツチームにかぎったことではなく、学校でもそうです。ただ、保護者はそうはいかないことがあるんですよね。本人たちには終わったことになっていても、その様子を見ていないから心配だということもあるのでしょう。また、嫌な思いをさせてしまった側は謝ったからこれで解決と思っていても、嫌な思いをさせられた側は終わっていなかったり。その差がなかなか埋まらないこともあります。

母親　そうですよね。

津田　私はこうしたとき、子どもの話だけを聞くのではなく、親同士もちゃんと話をしたほうがいいと考えています。うちの子のここが悪かったね、とか、こういうことがあったと言っている、とか。同じチームだと練習の送り迎えや大会などでどうしても顔を合わせる機会がありますから、話し合うことが一番です。

父親　親としては、子どもから話を聞いたら、相手の親ではなく、まず指導者に連絡するということですね。

津田　はい。子ども同士のいさかいの場合はそこに親が入らず、まずは指導者に解決してもらったほうがいいです。内容にもよりますが、子ども同士の衝突はある意味しかたのないところもあるんですよ。子どもでも大人でも馬が合わないということはありますから。

母親　またこうした場合、指導者に相談する以外に、親はどうしたらいいでしょう？

津田　お子さんが「やりたい」と自分から言うまで待つか、「今日はお休みして、明日は行こうね」と約束するといった方法がありますね。本人の意欲が重要です。行きたくないというときに練習に行っても、上達は望めないですから。

廣瀬　子どもの気持ちを大事にして、無理強いしないということですね。

自分で考えられる選手に育てるには

廣瀬　これからの社会を生きていくうえで、考える力が必要です。私は子どもたちに、スポーツを通じてぜひ自分で考えられる子に育ってほしいと思っています。

津田　考える力、必要ですよね。考えるということで言うと、現場で子どもたちがやっているのは、ノートに書いて振り返ることです。自分の練習を振り返って次の課題を書き出す。自分がどういうところを学ぶことができたのかを振り返る。これはスポーツでも日常生活でも一緒ですよね。

母親　ノートに書くときに大切なポイントはどんなことですか？

津田　どういうところが成長できて、どういうところに課題があったのか。子どもたちは結構、課題だけ書きがちなんです。よくできたところも書けるといいなと指導しているんですが。

母親　よいところを、ですか。

津田　できたことを書いておかないと、いつまでも自信がつかないですし、それを使おうとしないんですよね。自分でその成長を自覚していないから、自信がないんです。たとえば、せっかく練習してできるようになったショットなのに、自信が持てなくて試合で使えないということになってしまう。もったいないですよね。要するに、できたことは自分ではわからないけど、できないことは見えるんですよね。

廣瀬　確かに、失敗したことのほうが印象に残ります。

津田　だから、できたことを書くことはかなり大事なことなんです。そこが自分の強みにもなるし、自信にもなり、自分を理解するようになる。そういうところにつながっていきますからね。

母親　練習ノートには、親はどうやってかかわるといいのでしょう。コメントなど書き込んでもいいんでしょうか。

津田　これも子どものタイプによります。見られたくない子もいれば、見てほしいという子もいますから。書きかたも適当な子もいれば、びっしり書く子もいます。ノートひとつとっても適性があるので、本人がノートを持ってきて聞いてきたなら手を出せばいいですし、チームでは定期的にチェックすることはありますが、あえて親のほ

練習や試合の振り返り
ノートで何を書き、何を得られるか
課題を書く
分析力が上がる
考える力
できたことを書く
成長を自覚する
自信
強み

うから何かしなくてもいいと思いますね。

父親　練習ノートは、いうなれば日記みたいなものですからね。先生には言えるけど、親には言いたくないなどあるでしょう。書いて頭のなかを整理して、考える力を身につけていく。そこを知られるのも子どもなりに抵抗がある、ということかな。

津田　今は指導者と親の距離が近いケースが多いので、気になること、知りたいことがありましたら、「うちの子は最近どうですか」「どこに課題がありますか」というように、指導者に直接確認していただくといいかと思いますね。

父親　なるほど。指導者と話ができる関係性を親が築いておくことも、大切なポイントと言えそうですね。

津田　はい。指導者がどう思っているのか、その子のどこに課題があると考えているのか。その部分を理解しておくことは、親にとっても有益かと思いますね。

父親　ただ、プレーができる親だったら、その指導に口をはさみたくなる人も出てくるのでしょうね。

津田　その場合、指導者と保護者が違うことを言うと子どもは迷ってしまいますから、保護者が経験者の場合は指導者のアドバイスをより具体的に子どもに伝えるようにできたらいいのではないかと思います。そのためにも指導者と保護者の大人チームが団結して子どもに指導・支援できることがベストだと思います。

母親　うちの子は自分で考えるどころか飽きっぽいところがあって、少しやったかな、と思うと次には投げ出していたりすることが多くて。どうやったら続けてくれるかなと悩んでいます。

津田　私が見てきたかぎりですが、運動能力の高い子にかぎって飽きっぽい。おそらく、なんでもかんたんにできちゃうからなんでしょうね。

廣瀬　そういうときはどうしているんですか？

津田　ゲーム性のある練習を増やす工夫をしていますが、思いきって無理にやらせないという方法もあるんじゃないかと思いますね。集中力がなくなったら終わりですから。そうやって、少しずつ時間を長くしていくとかね。

母親　面白くなっていけば、きっと本人は飽きずに夢中になって練習してくれるということですね。

津田　はい。ある程度の年齢になってくれば、その時間はこれをやらなければいけないんだということはわかってきますし、体力の分配という部分もできるようになっていきます。

母親　根気強く見守るよう努力します。

親子のコミュニケーションのはかりかた

母親　大きくなるにつれ、あまり親に話をしてくれなくなると聞きますが。

津田　確かに、幼稚園生、小学校低学年という年代はこちらが聞けばなんでも話してくれますよね。大きくなってくると、おそらくめんどうくさいのでしょう。こちらが何か聞くと、適当に返すようになってきます。親はなんでもいいから話を聞きたいだけ、子どもと世界を共有したいだけなんですよね。でも、子どもは別に共有したいとは思っていないという、お互いの気持ちにズレがある。それどころか、親は入ってこないでという感じになりがちです。

父親　要するに、自立の一歩を踏み出したということですね。

津田　そういうことなんですよね。

母親　それでも親子のおしゃべりが絶えない家もあるでしょう。不思議ですよね。

津田　これもまた、子どもによるということでしょう。もしかすると、何か話すと怒られたり注意されたりすると思っているのかもしれませんね。親のほうにはそんな気はまったくなくてもね。やはり無理強いしないことは大切かなと思います。

母親　かといって、あまり声をかけないと、自分に関心がないのかと思われたりしないですか？

津田　それはありますね。成長するに従って、親と子の距離のとりかたは難しくなってくる場合もあるでしょう。でも、大事なことは、大きな路線は自分で決めさせること、誤った考えかたをするときは、「その考えかたは違うよ」としっかり指摘する、そういうところにあるんじゃないかと思いますね。たとえ、思うところはたくさんあったとしても、大事なところをしっかり伝える。そして、子どもの様子だけはしっかりと見ていること。そこは本当に大切です。

廣瀬　反抗期も心配です。

津田　バドミントンのように、一生懸命やることがあれば大きな問題はなさそうですが、それがないと反抗期を迎える子もいますね。

母親　何歳くらいからですか。

津田　一概には言えませんが、小学校だと6年生ぐらいで反抗期に入る子がいますね。年齢は早くなっているように思います。一番多いのは中学生で、高校生になると大人になるというか、乗り越えた感じがありますね。ただもめごとが多いのは小学校3、4年生ですね。

子に対する接しかた3か条

1

大きな路線は
自分で決めさせる

2

誤った考えかたには、
違うと指摘する

3

子どもの様子を
しっかり見ておく

廣瀬　そうなんですか。

津田　少しずつ自我が芽生えてきたり、自分と他人を比べて見られるようになってきたり、他人の考えと自分の考えの違いに気づいたりする時期ですね。スポーツなど、夢中になることがあるとそちらに気が向くので、些細なことで反抗したりもめたりすることは少なくなるのではないかと思います。エネルギーが余っている子はぜひ、スポーツや音楽など、夢中になれるものをやらせてあげてください。

スポーツを通じて、いかによく子どもを育てるか

津田　今、海の向こうのメジャー・リーグで大谷翔平選手が大活躍していますよね。大谷選手の言動には学ぶことがとても多いと感じています。

廣瀬　たとえば、どういうことですか？

津田　私は小学校の教員ですが、彼を見てテストで１００点をとる勉強よりも、どういうふうに学んでいくか、その過程が大切なのではないかと感じました。自分自身で課題を見つけ、それをどのように突き詰めていくか。どのように学んで、力をつけていくのか。要するに、いかに考えて行動していくか、ということなのですが、そこは

勉強もスポーツも同じなんだなと思ったんです。

父親 目の前の点数を1点でも多くとるかどうか、ということではなくて。

津田 もちろんそこもあるんです。バドミントンは技術の競技だから、技術ももちろんあると思います。ただ、一番大事なことは、感謝する心や、素直に聞く心という、その子の内面の伸びしろをどれだけ大きく育てるか。そして、自分で目標を決める力、計画を立てる力、考える力をいかに育てるか。そうした部分が、スポーツの果たすべき役割なのではないかと、彼の活躍を見て感じています。

父親 そのなかで、もっとも大切なものはなんですか。

津田 私は素直に話を聞く力なのかなと思います。競技は野球でもバドミントンでもサッカーでもなんでもいいんです。素直に聞く力、人の意見、話に耳を傾けられる力が根底にあれば、その子は伸びていくのではないかと思います。

父親 私も息子が大谷選手のような人間に育ってくれたらうれしいですね。

津田 大谷選手からは野球が大好きだという空気が伝わってきますよね。

廣瀬 野球をするのが楽しくて、大好きなんでしょうね。

津田 繰り返しになりますが、素直に人の言うことを吸収する力と言いますか、彼を見ていると与えられたことだけをやってきたということではないということがよくわかりますし、与えられたことだけで強くなった人はおそらくいないですよね。

父親　素直に聞いて、そこから考えられる子に育てていきたいですね。

第5章の習慣（まとめ）

32 やりたい、
楽しいと思ったときが始めどき

33 親が一緒にやることで、
子どももまた練習をがんばれる

34 なぜそれを言われているのか、
理解させることが大切

35 親は子どもより大きな存在で見守る

36 よかった部分を見つけてほめる

37 叱るときは本気で叱る

38 人間関係で問題が生じたら、
すぐに指導者に相談する

39 無理強いしないことが大切

40 感謝する心、素直に聞く心を育てる

第6章

どうしたら勉強との両立ができますか?

元日本代表でバドミントンクラブコーチ　漆﨑真子さんに聞く

スポーツを熱心にやることと勉強は両立させるのが難しい。しかし、勉強をしっかりすることはその後の選択肢の幅を広げることにつながる。ぜひとも、子どもには勉強との両立をしてほしい、というのは私たち3人の共通した願いだった。

これには心強い人物がいた。私が中学校のときに所属した、胡山喬先生が指導する「コマックラブ」の後輩・漆﨑真子さんだ。彼女とは出身地も一緒だが、年齢が少し離れているので一緒に練習したことはなかった。接点ができたのは、私が日本B代表のコーチになってからだ。彼女がB代表に入ってきて、コーチと選手としてのつながりができた。日頃、真子ちゃんと呼んでいる。真子ちゃんは本当にがんばり屋さん。バドミントンと勉強を見事に両立し、筑波大学に進学。卒業後は実業団チームに所属して日本B代表にもなっている。現役を引退した今は、子どもから大人まで幅広い層にバドミントンを教えている指導者でもある。

学生時代、どのように勉強と両立させていたのか話を聞いてみよう。

「真子ちゃん、久しぶり!」

勉強の疑問は授業中に解決する

父親　勉強との両立につきましてぜひ、ご自身のやってきたことを聞かせてください。小学生はともかく、中学生になると勉強がたいへんになってくると思うんですが、どのようにされていたのですか？

漆崎　私は基本的に、どの年代でも、勉強は授業内にほとんどを理解することを心がけていました。あとは試験前に集中的に勉強する、というやりかたで対処していたんです。

父親　授業中にすべて理解する、すごい集中力ですね。疑問が生じたら授業内で解決していたということですか？

漆崎　はい。集中して授業を受け、その内容は授業中に理解することに努め、疑問があったら先生に聞く、という感じでした。とくに小中高時代は練習場所の体育館まで往復で2時間くらいかかったので、勉強時間がとれなかったんです。

母親　授業中にすべて理解するなんて、理想的ですね。苦手な科目はなかったんですか？

漆﨑　勉強は全般に好きで、積極的にやっていました。

母親　授業のお話ですが、先生の話をしっかり聞くということのほかに、やはり黒板に書かれたことも書き移していましたか。

漆﨑　黒板ももちろん記録しましたが、それよりも「理解する」ということを大事にしていました。

父親　たとえば、方程式のところで少しわからないことがあったとして、授業中に質問するタイミングがなければ、終了後、すぐに確認して完結させるということですか。

漆﨑　そんな記憶があります。

父親　すごいですね。僕はそんなに勉強してこなかったから、子どもに授業中にすべて終わらせよう、と言えるかな（笑）。

廣瀬　１日のなかで自宅から学校、学校から練習場、そしてまた自宅と移動があるので、自由になる時間というのは本当にかぎられています。そのかぎられたなかでやらなければいけないことを、子どもなりにしっかり把握して時間を有効に使っていたんですね。

漆﨑　はい。中学時代なら、練習時間は18時半から21時とか、19時から21時など曜日によって少し違いがありましたが、だいたい2時間半くらい。週末は選抜メンバーで大阪の大学の体育館を借りて練習していましたね。
母親　スキマ時間はどのようにつくりだしていたんですか？
漆﨑　つくりだすというより、うまく時間を使うしかなかったですね。たとえば、車のなかでごはんを食べる、車のなかで睡眠をとる。電車のなかで宿題したり、試験勉強したりする。小・中学生のときは学校から家までが近かったので、学校から帰ってきて、練習に行くまでの30分間勉強するとか。母もすぐにごはんを食べられる状況にするなど、協力してくれました。
父親　では試合に教科書や参考書を持ち込むことはなかったんですね。
漆﨑　しなかったですね。大会中は試合に集中していました。
母親　睡眠時間はどれくらいとっていました？
漆﨑　しっかり睡眠をとらないともたなかったので、平均8時間ぐらいは寝ていたように思います。
母親　中学から高校への受験のときはどうされましたか。
漆﨑　スポーツ強豪校ではなく公立高校だったのですが、推薦入試といいますか、小論文と面接が試験でした。大学もそのようなスタイルで、実は入試らしい入試の経験はないんです。ただ高校は一足早く受験が終わったので、その後、父の友人がやっていた塾に通い、高校の勉強を始めていました。

父親　えっ？　中学生のときにすでに高校の科目を勉強していたんですか？

漆﨑　たまたまそういう環境があったので、やってみようかなっていう感じでした。そのこともあって、高校1年最初のテストはすでに学んでいることだったので、実は学年トップの成績だったんですね。そうすると、そこから学力のレベルを下げられなくなりました（笑）。

父親　スタートダッシュを決めたことで、その成績が基準になったということですね。

漆﨑　はい。しかも、先生がクラスで発表したので、みんなが知ることになりました。勉強もがんばるしかない、という状況になってしまったんです。

父親　高校時代も、両立のためには、授業に集中することが第一でしたか。

漆﨑　そうですね。ただ、高校時代は学校まで電車通学をしていたので、だいたいいつもその時間に勉強していました。

母親　バドミントンと勉強の両立、いくら好きなこととはいえ、つらいときはなかったですか？

漆﨑　ほとんどありませんでしたが、高校時代に数回ほどほんとうにきつくて、〝今日は練習に行くのは嫌だな〟と思ったことがありました。

バドミントンと勉強両立のコツ

- □ 授業内で理解する
- □ わからなければその日に質問
- □ 移動時間を活用する
- □ 睡眠時間はしっかり確保

漆﨑真子　小中学時代の一日のスケジュール例

起床7時20分

朝食（必ずとる。ごはん、みそ汁、魚、卵焼き、野菜の煮物、漬物。
基本的に内容は和食）

自宅を出る8時10分

移動（友だちとおしゃべりしながら徒歩で）10分

学校で授業（集中して理解する）

昼食（給食をしっかり食べる）

午後の授業

移動（徒歩で10分）

自宅に戻る16時

勉強30分と昼寝30分

補食（おにぎり、パン、フルーツなど）

自宅を出る17時30分

移動（両親の車で1時間）

クラブの練習18時30分～21時

移動（両親の車で1時間、補食におにぎりやパン）

帰宅22時

入浴

翌日の準備（着る服や持ち物をそろえる）

就寝23時

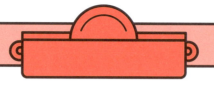

memo

子ども時代の経験が
脳神経に刺激を与える

私には年の離れた兄が二人います。兄たちが大好きで、幼い頃はいつもくっついて回っていて、兄が野球部だったから野球を始め、男の子の遊びをよくやっていました。両親もスポーツ好きだったことから体操、水泳、ラグビー、バレーボール、スキーなど、幼い頃から多くのスポーツに親しんできました。バドミントンに絞ったのは、試合日が重なるなど同時に続けることが難しくなってきたからです。

現在、私もバドミントンの指導者となって感じるのは、子ども時代の運動経験がいかに大切であったかということです。小学生のときにゲーム感覚、遊び感覚でいろんな体の動かしかたを経験しておくことは、さまざまな神経に刺激を与える非常に重要な部分です。子ども時代に自転車に乗れるようになっていれば、何十年乗っていなくてもすぐ乗ることができるように、この年代で神経にたくさんの刺激を与え、経験して、神経の回路を増やしておくことで体の土台ができるのだということを、身をもって感じています。スポーツでなくてもかまいません。子どもたちにはいっぱい遊んで、と伝えたいですね。遊ぶことでたくさんの神経回路につながり、未来をつくっていくことになるからです。

母親　なぜ、嫌になったんですか。

漆崎　体がきついというか、睡眠がとれていなくて眠いとか、そういう状況だったと思います。

母親　それでもちゃんと練習に行かれたんですね。

漆崎　あの頃を振り返ると、すべてに興味を持って、一生懸命取り組んでいたと思います。

父親　ちなみに、大学入試のときも論文を書いたと先ほどお話ししていましたが、どんなテーマだったのですか？

漆崎　中国に5回遠征に連れて行ってもらっていたので、一つひとつの合宿で何を獲得したかといったことや、中学、高校で、バドミントンのどんな課題をみつけ、どのように克服したか、といったことでしたね。また、体が細かったのでコーチに食事管理をしてもらいながら増量トレーニングをしていたので、毎日の食事記録をうまくまとめて提出しました。

母親　すでに大学の研究論文みたいですね（笑）。

やっておけばよかったと思うこと

父親　うちの子は、勝てなくなってくると、次も負けるかもしれないと焦っているのか、練習で集中できていないことがあります。気持ちからくるスランプみたいなものなのかなと思うんですが、スランプを感じたことがありますか。

漆﨑　私はスランプというものを感じたことはないと思います。試合で負けると、それが自分の今のレベルなんだと受け入れて、またがんばるという繰り返しでした。

母親　廣瀬さんはありませんか？

廣瀬　私はありました。高校生のときに負けた試合を引きずってしまい、その後なかなか思うようなプレーができなくなってしまいました。そんな私を見て、担任の先生がある本をくれたのです。トップアスリートたちのスランプ体験談をまとめたもので、『メンタル強化バイブル』というタイトルでした。その本を読んで変わりました。トップアスリートでも悩んだりするんだ、みんな一緒なんだ、と思えるようになったんです。あの一冊の存在は大きかったです。

父親　なるほど。本を読むことは、前を向くきっかけになるんですね。負けたあとはビデオなどで振り返ることもありますか。

廣瀬　負けた試合を見るのは悔しくて嫌でしたが、見るようにしていました。ビデオで客観的に自分のプレーを見ることができ、課題がはっきりわかるので、見るといいと思います。

漆崎　私は全国大会に出場した選手の試合を見て、こういう試合運びができるようにならないといけないな、という形でビデオを使うことはありましたね。自分の試合は見ないですが。

父親　動画は利用しましたか？

漆崎　使っていないです。私の時代は今ほど動画が広まっていなかったような気がします。現在は、コーチとして活動しているので、対戦相手を事前に見ておくといったことで利用しています。でも、やらないといけないから見るという感じで、本来、私は動画を積極的に見るタイプではないです。でも絶対見たほうがいいです。あこがれの選手のプレーか、マネしたいプレーというものがあるはずで、見たことはイメージとなって自分に返ってくると思います。

廣瀬　そう。プレーのイメージがすごく高くなるし、やってみようという気持ちにもなりますよね。

練習ノートに書くこと

毎日A４ノートに１ページほど

- 長期的な課題
- その日の課題
- 練習内容
- コーチに言われたこと
- プレーに関して自分で感じたこと
- どんなメンタルで練習ができていたか
- 人としての成長につながる考えかたや感謝の気持ち
- 明日の課題

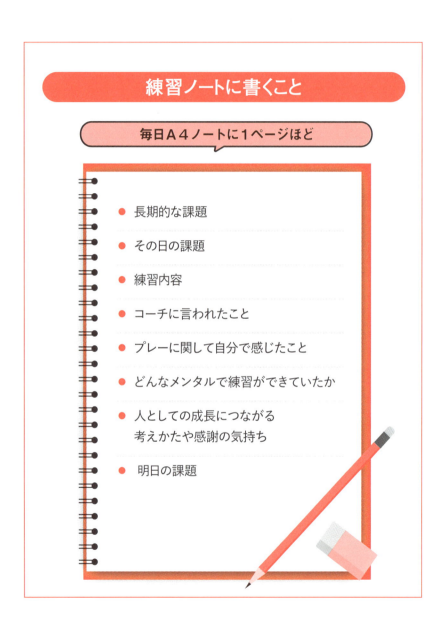

漆崎　動画を見るのが好きという性格だったら今はまた違っていたかもしれないですね。私が小さい頃にもしも戻るとしたら、この動画、映像チェックは練習に必ずプラスさせます。廣瀬さんはよく見ていましたよね？　海外のトップ選手のプレー。

廣瀬　そうですね、よく見ていました。今のような動画はないので、たまにテレビで海外の試合が放映されると、父にビデオに撮ってもらっていました。スシ・スサンティ選手（1992年バルセロナ五輪女子シングルス金メダリスト／インドネシア）が大好きで、よく見てはマネしていましたね。

父親　今、動画を見て育っていたら違ったかもしれないという話が出ましたが、もっと早くやっておけばよかったことや、これをやっておけばよかったと思ったものはほかにもありますか？

漆崎　練習ノートですね。実業団に入ってから継続して書くようになりましたが、中学、高校では継続して書くことができていませんでした。目の前のことを一生懸命することで精いっぱいでした。

廣瀬　練習ノートを私はよく書いていましたね。

漆崎　書いたほうがいいです。そこは私が苦手で、できない部分だったんですが、実業団に入ってから書くようになって、練習ノートの重要性を実感しました。絶対、書いたほうがいいですよ！

母親　絶対書いたほうがいいと思うようになったのはなぜですか。

漆崎　自分自身で意識していないところは自分のなかで自動化されてしまって、どうしてそうなったのか、それができたのか、自分で理解していないところがあります。たとえば、勝った試合の内容を記録していないと、うまくいかなくなったときに振り返っても、何がよくて何が悪かったのか整理されていないからわからない。そこをノートに書いて自分の言葉で外に出すことによって、自分の内にあるものを整理できることに気がついたんですよね。そこができるようになったのが実業団へ入団してからと遅かったですが、そのおかげで勝てるようになり、日本代表に入って廣瀬さんに教えてもらえるところまで行けたのだと思っています。

母親　練習ノートには、そんな意味があったんですね。ちゃんと書くようにこの話を伝えます。

漆崎　ぜひ伝えてください。書くことだけじゃなく、意識的に考えることも身につきます。それだけに、早くやっておけばよかったというか、気づくのが遅かったとは思いますね。

目の前のことをがんばったことで、道は開けた

父親　漆﨑さんが歩んでこられた道は親にとって理想的な流れです。自分の意思で、しっかり歩いてきているように見えるし、問題に対しどのように解決していくか、自分自身で決めて行動できていますよね。それはどうして培われたのでしょうか。

漆﨑　目の前のことをがんばってきただけですね。そうすると、必要な出会いがあったり、学校の先生もがんばっているからと力を貸してくれたりする。そんなふうに人に恵まれたおかげで、ここまでこられたという気がします。人に導かれ、いろんな経験をしていくなかで、自分で考えるという感覚が身についたように思います。

父親　バドミントンを楽しんで、一生懸命がんばってきたら道が開けたということなんですね。

母親　バドミントンの目標はどこに置いていたのですか。

漆﨑　小さな頃から日本代表に入りたいという思いはずっと持っていました。なかなか勝てませんでしたが、私自身はそこが目標で何も疑わずに信じて目指していました。小中と指導してくださった胡山喬コーチは、「真子はオリンピックに出るよ」といつ

も言ってくださいました。オリンピックは心のどこかにあこがれのようなものがあったかもしれませんが、本気の目標、夢にはなっていなかったのでしょうね。そのような性格が、日本A代表に届かずB代表に終わった原因でもあると思います。

母親 オリンピック出場は叶わなくても、日本代表に入るという大きな目標を実現しているのですから、すごいこと。尊敬します。その目標が定まったのには、何かきっかけがあったのですか。

漆﨑 やはりジュニアの先輩である廣瀬さんです。子どもの頃から廣瀬さんの話を聞いていたので、日本代表として活躍する廣瀬さんにあこがれていました。

父親 クラブチームの先輩がオリンピアンであるということは、大きなモチベーションになったでしょう。

母親 とはいえ、そのモチベーションを保ち続けることはたいへん努力が必要だったことと思います。そこまでがんばれたのは、小さい頃の成功体験からなのでしょうか。それとも根本的に強くなりたい、勝ちたいという思いがあったからでしょうか。

漆﨑 バドミントンも勉強も大好きで、楽しいからやっていました。でも、やっぱり負けて悔しい気持ちが強くあったかもしれませんね。

廣瀬 根本的に負けず嫌いということかな?

漆﨑　そうですね（笑）。

廣瀬　その負けたくないという気持ちが、がんばる力につながるんですよね。

第6章の習慣（まとめ）

41 勉強の疑問は授業中に解決する

42 スキマ時間をうまく使う

43 練習ノートへの記入は
自分の言葉を外に出すこと

44 目の前のことをがんばると、
必要な出会いがある

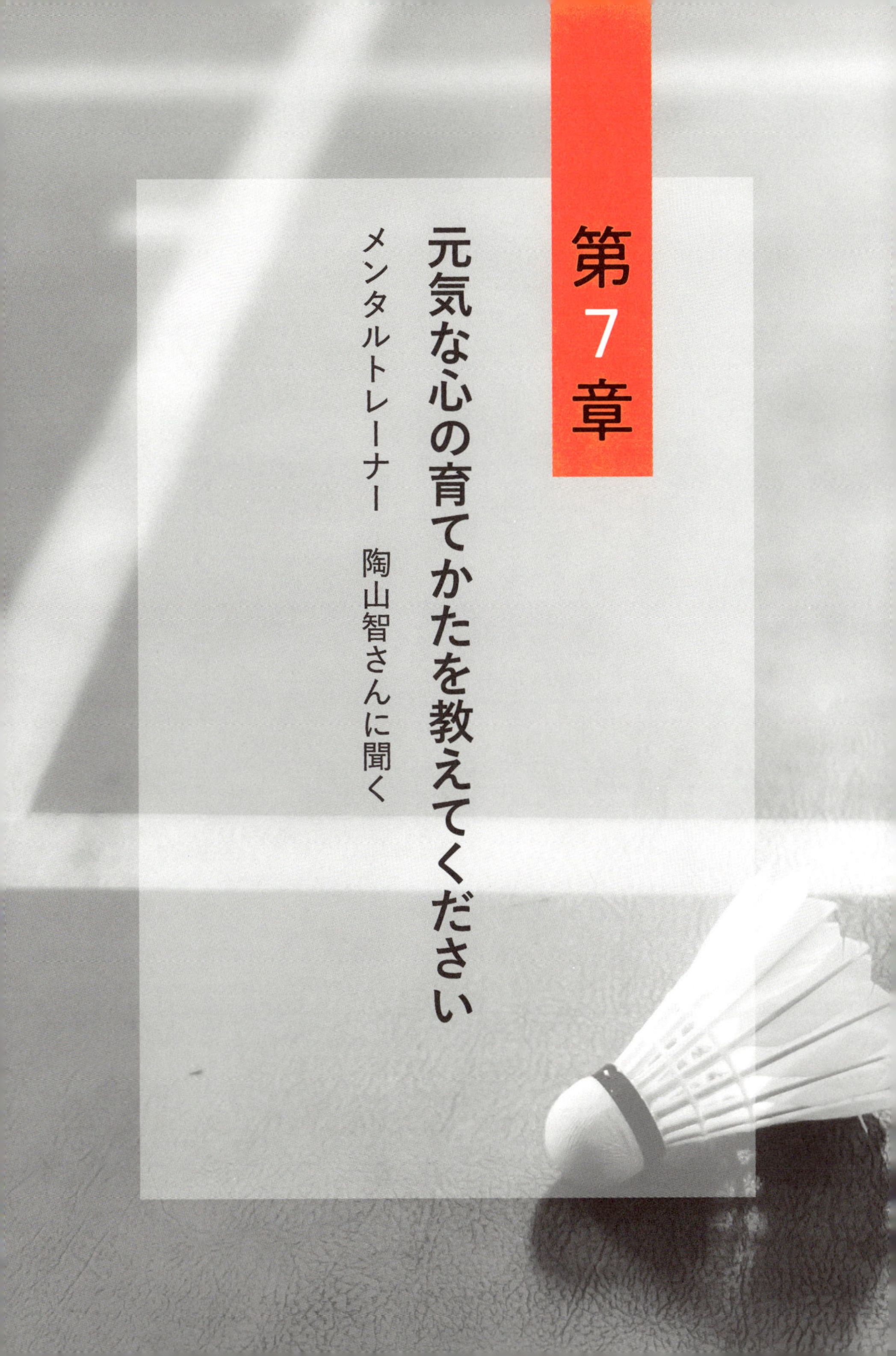

第7章

元気な心の育てかたを教えてください

メンタルトレーナー　陶山智さんに聞く

取材も終盤を迎えた。

どの賢者のお話も素晴らしく、私たちはお話を聞くたびに新しい発見をすることができた。


「メンタルの専門家のお話を聞きたいですよね」

だれからともなくこんな言葉が出た。

体のケアの面、動きの面、そして栄養の面など、たくさんの知見を得た。その体を動かす心、メンタルの部分についてもプロからの助言をいただきたかった。

そこで、第8章に登場いただく大束忠司さんに相談したところ「大学でメンタルトレーナーを務めてもらっている先生がいる」と教えていただいた。

やはりここはお願いしてみたい。

大束さんを通じて取材を申し込むと、快く引き受けてくださった。

迎えた取材当日。緊張した私たちの前に現れた陶山智先生は、やさしい笑顔あふれる方だった。

やる気を持続させる

廣瀬　子どもがバドミントンを始めたとき、まず、親が考える必要があるのはどんなことですか。

陶山　動機づけの部分ですね。「やる気をどう維持していくか」という点から、知識を共有していくことが重要ではないかと思います。やる気に関しては近年、心理学の分野では非常に多く研究されています。さまざまな知見に基づいて総合的に、選択的にアプローチができるようになっているのです。

廣瀬　やる気を引き出すメカニズムは、それほど研究されている分野なのですね。

陶山　その通りです。そのひとつをかんたんに説明しますと、動機づけには大きく二つの種類があります。ひとつが外から与えられるもの、もうひとつは自分の内側から出てくるものです。前者は「人からもらうご褒美」や「怒られる」こと、「罰」など外的な要因によって、コントロールされたやる気です。一方、後者は、本人が楽しくてやっている、バドミントンが楽しいからやっているというやる気。心理学では、外からの要因で行うやる気を「外発的動機づけ」、自分から好きで行っているやる気を「内

動機づけの種類

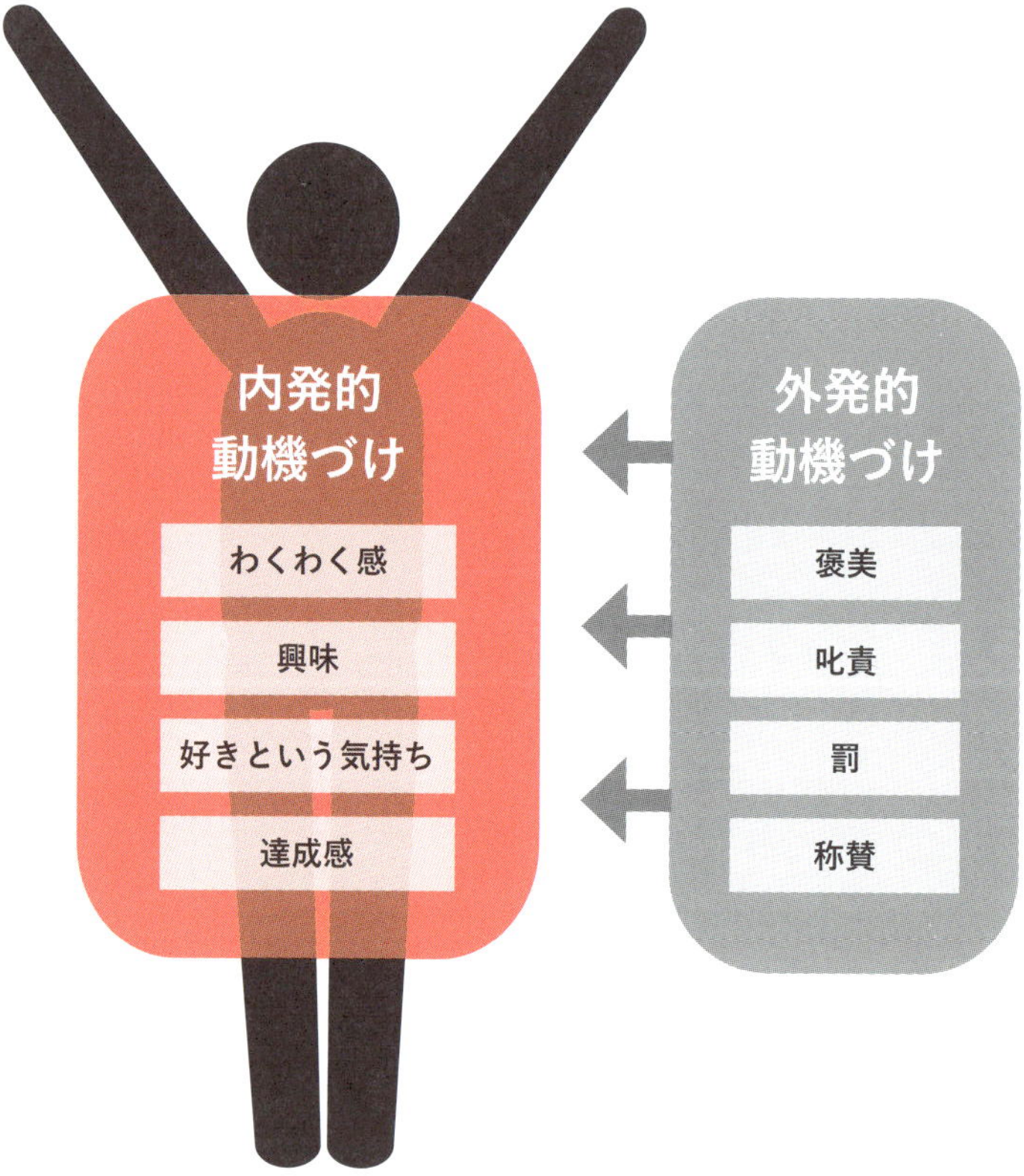

発的動機づけ」と分けています。内発的動機に基づいた行動は継続しやすく、外発的動機による行いは、それを与え続けないと持続しづらいとされます。まず、お子さんの動機がどちらなのかを把握する必要があるかと思います。

父親　うちの子はどうだろう？　体験会に連れて行ったのは僕だけど、自分でやりたいと言い出したから内発的動機づけかな。

廣瀬　親としては、ぜひ内発的動機づけからスポーツを選択してほしいですよね。

陶山　そうですよね。「好き」という内発的動機は大切です。とはいえ、実際にはスポーツを始めたあと、常に楽しいわけではない。いつも勝てるわけでもなく、充実感を味わえるわけでもありませんよね。たとえ内発的動機づけからスタートしたとしても、うまくなっていると感じられなければ楽しいと思えなくなっていきます。やる気を継続するために、選手にとってとても大切なのは、自分自身が成長している感覚、強くなっている実感なのです。

廣瀬　その通りですね。

陶山　では、その実感が得られないときにどうするか。そういうときにうまく使いたいのが、外発的動機づけです。

母親　ご褒美ですか？

陶山　そうです。うまくいかなくなったときに、ご褒美、たとえば大好物の食事でも、ほめ言葉でもかまいません。本人にとってのご褒美につながるものを使って、改めて練習に向かってもらう、あるいは試合に向かってもらう。こうしたやりかたが定番中の定番となっています。**この外発的動機づけの使いかたが大切**なんです。

父親　と言いますと？

陶山　面白い、楽しい、という**内発的動機づけでがんばっている子にご褒美は必要ない**からです。そうした子にご褒美を用意することは、かえって楽しくてやっているという気持ちを低下させてしまう可能性があります。これを心理学では「過剰正当化効果」「アンダーマイニング効果」というのですが、せっかくのやる気がご褒美によって失われてしまう。バドミントンが「楽しいから」「面白いから」、だからがんばるという、本人の内側にあった気持ちが、ご褒美をもらうことによって減少してしまい、「ご褒美がもらえるからがんばる」に置き換わっていってしまうことになりかねないというわけですね。だから、自分から楽しくてやっている子どもに対しては、基本的にご褒美は必要ないのです。

母親　たいへん！　今度、初めての試合があるので、勝ったらほしがっていたゲームを買ってあげようかなと思っていました。

陶山　そうでしたか。ご褒美は状況によって使うと効果的で、あまり多用するのはよくないかなと思いますね。楽しくてやっている、その状況をいかに継続してつくれるか、ということが一番大事なところです。

父親　そのためにはどうしたらいいのでしょうか？

陶山　その時々で選手は「何が面白いのか」「どこが楽しいのか」変わってきます。そこを、変化も含めて察知して、子どもが楽しいと思っていることについて一緒に楽しむ気持ちが大事です。「よかったね」、「上手だね」、などと共感を示す言葉で後押ししてあげる。そのほかやる気を持続させるためには、失敗したときに努力が足りなかったと考えることも大切です。失敗を能力不足に求めると、がんばらなくなってしまう可能性があります。また、能力を固定的に考えるのではなく、能力は増大するものとの認知も大事です。能力を変わらないものと考えると、まわりからの評価が気になってしかたなくなります。さらには、効力期待といって成果を得るために自分は必要なことをうまくやれるという思いも大切になってきます。

送迎タイムを有効に使う

父親　練習への送迎は基本的に妻がやってくれていますが、時間が許すときは私が送り迎えをしています。というのも、この時間は子どもたちとじっくり話ができる、いい時間だということに気がついたからなんです。ただ、子どもと接する時間は妻より少ないですから、どう話しかけていいのかうまくいかなくて。

陶山　そうですね。車のなかは密室ですから、その時間でしか聞けない内容、伝えたいこと、聞きたいことなど、話しやすくなるとても重要な時間だと私も思います。車では向き合って座ってはいないですし、運転したり窓の外を眺めたり、何かを食べていたりとそれぞれしていることがある。話をしなくてもいい空間です。だからこそ話をしやすくなり、話を聞き出す好機になります。ただし、だからと言って話を聞き出すことに前のめりになってはいけません。ポイントは、大切な話ができる空間だからこそ、無理に話さなくてもいいという雰囲気をつくることです。

父親　逆に、話さなくてもいいという雰囲気をつくるんですか。

母親　私はすぐ聞いちゃうんですよね、どうなの、最近って。

陶山　その質問が悪いわけではありません。話し始めたあとに、途中でよけいな質問をしないことがポイントです。ここでは、お子さんに自由に語ってもらうことが大切なんですよ。親子の信頼関係のもと、子どもは自分を守りつつ、いろいろな環境を考えつつ、選択して話をしているので、無理のない範囲で聞かなければならないのです。

廣瀬　子どもを尊重することが大切なんですね。

母親　でも、なかなか難しいところですよね。子どもにも「おかあさんに話すと、おとうさんにしゃべっちゃうから」と言われることがあります。

陶山　子どもたちもどういうふうに情報が拡散していくか、考えながら情報提供している、話をしているわけですからね。自分に不利な状況、難しい状況にはならないだろうという安心感がなければ話してくれません。

父親　そこで、話してもいいと思わせるようにするには何が大切になってきますか？

陶山　子どもに〝あなたが大切なんだ〟ということを、いかに伝えることができているか。それが伝わっていれば子どもは安心して話すことができるようになります。

memo

親子の信頼関係を築くために

信頼関係を築くのに、乳児期から幼児期はとくに重要です。

たとえば、抱っこされている赤ちゃんがお母さんの腕のなかでスヤスヤと眠れるのは、それだけ安心して委ねているということ。お母さんと赤ちゃんとの間に信頼関係がある証です。

生まれてからの数年の育児は、とくにその後の発達、性格形成に影響していきます。

乳児の世界ではおかあさんが最初の人。そのおかあさんが信頼できないと、世界が信じられないということになってしまう。このことは人間でも動物実験でも確認されているのです。

安心感や信頼関係がつくれないと、自分を傷つけたり、あるいは周りに対して攻撃的になったりといった傾向が見られることもあります。

幼児を育てているおかあさんはとくに、愛情深くコミュニケーションをとることが大切なのです。

子どもの変化を見逃さない

父親　とはいえ、そもそもの会話のきっかけをつかむことはなかなか難しいですよね。

陶山　私は日頃、選手と接するときに心がけていることがあります。今どきのメールやSNSを使うのではなく、選手と直接対面で話をすること。そこからはたくさんの情報が読み取れるからです。どう対応したらいいか、その手がかりは対面で接したときのほうが圧倒的に多いんですよ。

廣瀬　対面で接するなかで一番大切にしていることはどこですか？

陶山　変化です。現在、私が主に接しているのは大学生ですが、体育館に行ったときはひと通り学生を見るようにしています。必要ならばじっくりと。変わる、変わったということはとても重要です。

母親　たとえば、いつも明るい子が、今日は口数が少ないとか？

陶山　それも変化のひとつですね。そういった部分を見逃さないことがとても大切なポイントになります。プレーでいえば、ステップが変わったことや体の力の入れかたが変わったこと、あるいはショットの選択が変わったことなど。私は週に一度体育館に行きますが、練習を見ていると変化がわかります。そうした変化に敏感であるというのは、とても大事なことだと考えています。ただ、家族のように毎日顔を合わせていると、逆に変化に気づきにくいということはあるかもしれませんね。その分、試合でしっかり見ることが大切になると思います。試合ごとに親御さんだからこそ、気づけたという点もきっとあると思うんです。

母親　つまり、子どもが親に向けて出している、信号みたいなものがあるということでしょうか。

陶山　そうです。いろんなケースがあると思いますが、その信号を、変化を見逃さないようにしていただきたいなと思います。そして、その変化を見つけたら、そのことをきっかけにお子さんと会話していただければと思います。

父親　なるほど。

子どもとの対話は真剣勝負

陶山　もうひとつ、会話のきっかけとして、まったく関係のないところからアプローチしていく方法もあります。たとえば、新しいお店を見つけたら「おいしそうだね。

変化を見逃さない

子どもからの信号

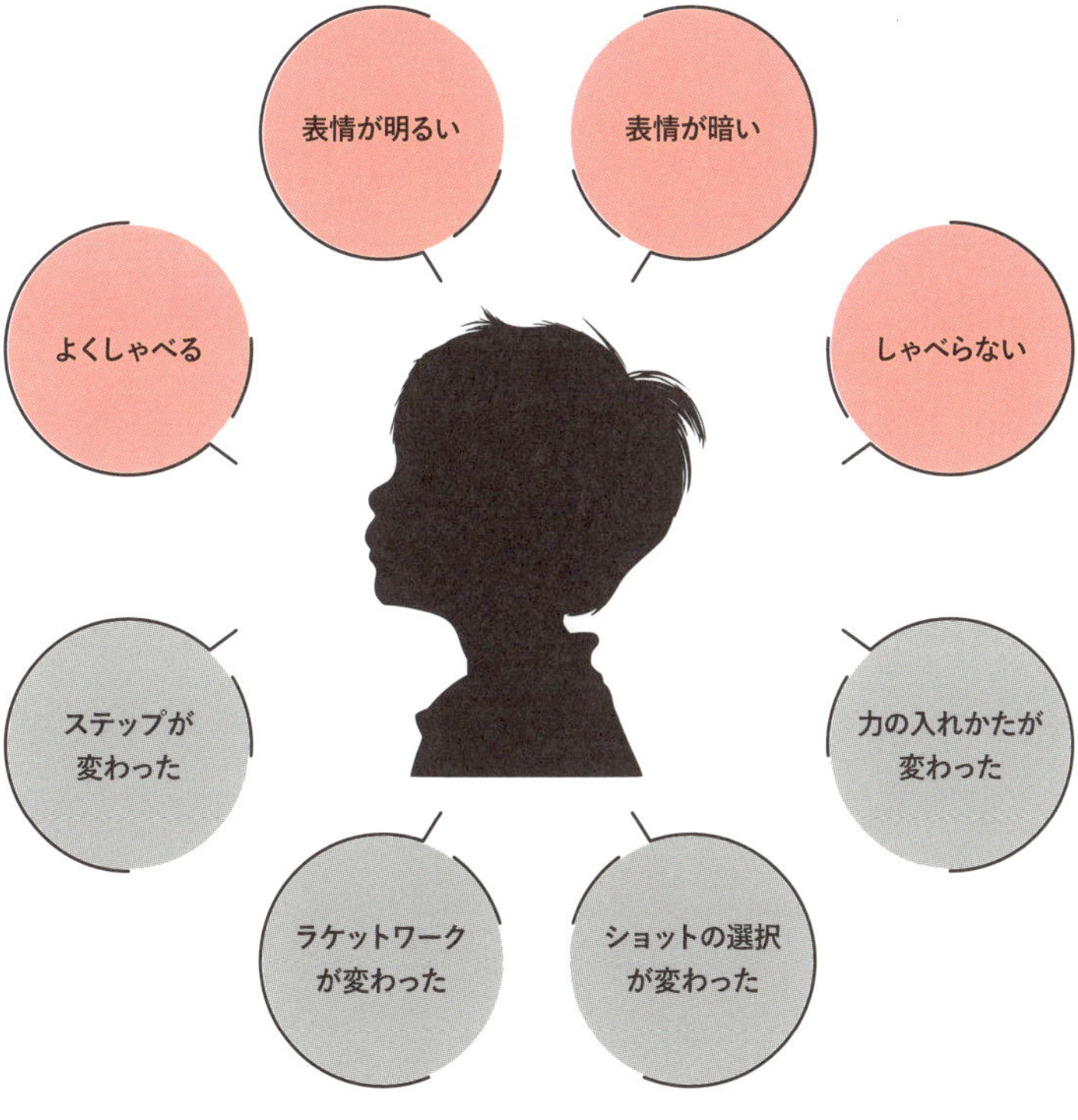

一緒に食べに行こうか」といったように、なんらかのきっかけを提供するのです。そして、子どもが話してもいいなと思うぶんだけ、無理のないところで話を聞いていくというやりかたですね。

父親 そうなんですね。

陶山 ただ、大事なのは会話のきっかけだけではなく、むしろ会話を始めたあとかもしれません。私の場合はメンタルトレーナーという立場で、シンプルに「今日の試合どうだった？」と尋ねて、話に入ることが多いのですが、ここからが真剣勝負。相手との関係のつくりかたと言えばいいでしょうか。時として話の内容が、こちらが思っていることとかなり違っていたり、ネガティブだったりすることがあります。そういう場合、その子のいいところ、よかった部分など、重要だと思うところを、とにかく一生懸命探すのです。

母親 いいところを探す。

陶山 ここが勝負です。たとえば、ネガティブな話ばかり出てきたとしますね。そのネガティブな話のなかでも一生懸命探せば、いい考えかた、いい行動、いい選択など、必ず何かはあるはずなのです。ここはもう勝負どころですから、親御さんも一生懸命探してください。「今日はよく声が出ていたね」「今日はクリアーがよく奥まで飛んでいたね」など、なんでもいいのです。ポジティブな、肯定的な言いかたで伝えると、話が先に進みやすくなります。そしてそこから初めて、本当に大切な話に入っていくというわけです。

母親　それは大切なところですね。

陶山　反対に、ここで言ってはいけない言葉もあります。「でも、それはこういうふうにも見えるよね」「でも、おとうさんはこう思ったけど」など、子どもの言葉に対して、解釈を変えようとする言葉です。

母親　よく言ってしまいます。

廣瀬　わかります。ただ、言ってしまうと子どもは扉を閉ざしてしまいますよね。

陶山　そうなんです。そこで終わってしまうんですよ。だから、ポジティブな種を一生懸命探すのです。出しかたによっては結果的に、子どもが自ら別の視点を見つけてくれることにつながっていきます。

父親　なるほど。

陶山　手がかりやきっかけは必ずどこかにある。なければ待つ。そこが重要な点です。

真剣勝負の対話への入り口

「今日の試合どうだった？」

「なんだか調子が出なかった」

「そうなんだ」

「……」

「どうしてだろう」

「相手のスマッシュが速くて、
戸惑ってしまって……」

「セカンドゲーム4対10のとき、
相手のクロススマッシュをコート奥に
返したのは効果的だったように思うけど」

「ああ、ストレートに返したレシーブね」

このような会話をきっかけに、レシーブからの組み立ての大切さをともに確認したり、そのレシーブの前後で何が起こっていたかをともに研究したり。さらには、相手の強み、相手の弱点、相手の傾向といった要件にアクセスしていく

「考える」を身につけさせるために

陶山　話してくれる内容は人間関係のことかもしれませんし、技術的な話になる可能性もあると思います。たとえば、サービスがうまくいかないことや、ミスが出てしまうなど。

廣瀬　実際にそういう相談があった場合、陶山先生はどんなふうにお話をされているんですか？

陶山　まずは本人がどういうふうに考えているのか。どんなことを感じているのか。そこを知らないとアプローチのしようがないわけですよね。まずは選手たちに自由に語ってもらいます。何が出てくるかわかりませんが、そこからスタートしないと見つけられるものを見つけられないんです。本人がどう理解し、どう感じているのか。どうしたいと思っているのかという話をしっかり聞くことに努めます。

父親　本人に気持ちを吐き出してもらうわけですね。

陶山　というのも、実はかつて試合後、選手が監督、コーチや先輩のところに行き「アドバイスをお願いします」と立っているところを見て、違和感を覚えたことがあったからなんです。

廣瀬　わかります。

陶山　おわかりいただけますか。確かに指導者からアドバイスを受けることはとても重要です。けれども、まずはその試合を本人がどういうふうにとらえているのか。どんな理解をしているのか。そこが大切ではないかと思ったんですね。廣瀬さんはこういう場面でどんなふうに言葉をかけますか。

廣瀬　私がコーチのときは、最初に試合の内容について選手にどうだったかを話してもらうようにしていました。

陶山　まさにそれです。私のほうからは何も言いません。「どうだった」と聞くだけ。そうすると、選手のほうから「こういうことが起こったので、こうなった」「こうすればよかった」など、語ってくれるわけですよ。それを受けて初めて、「じゃあ、どうすればよかったかな」となるわけです。

父親　本人に考えさせて、語らせるわけですね。

陶山　そうです。実は、答えはその選手が持っているケースが多いんです。どうすればよかったかを尋ねて、本人が「こうすればよかった」「ああすればよかったかもしれない」と語ってくれるのは、答えを持っているということですから。そこから、その試合の理解のしかたを一緒に考えていくことにつながるわけです。また、このときこちらが持っている選択肢などは極力言わないようにしています。場合によっては、解決するよい方法がわかっていても言わずに話を終えることもあります。こちらの提案がその子にとって望ましいかどうかはまた別の話で、本来、そこは本人が見つけて選ぶべき作業だからです。本人の解釈が進んでいかなければ、やる気に変わっていかない。本人が変わっていかず、こちらがこうしてくださいと提案するのでは、その子の主体性が育たないですよね。

廣瀬　そうですね。やっぱり自分自身が〝次はこうしよう〟と考え、それを言葉にして行動に移し挑戦することで、成長につながっていくんですよね。

陶山　そうです。本人が言ってくれたからこそ、始まることが多いのです。ただ、まだ幼い子どもたちにはとくに選択肢を伝えて、そのなかから好きな方法を選ばせるということも必要だと思います。いずれにしても、話の機会を見つける、変化を追っていく、ポジティブな部分を話題にする、自分の考えを話してもらう。そこがサポートしていくうえで大切なことなのではないかと思いますね。

父親　考えるための導きをし、支えるということですね。

陶山　選択するのはあくまで本人。君たち自身だよと。その意思決定や判断を選手ができる状況を、いかにつくっていくかということも大切ですよね。

子どもがつまずきそうになったときには

陶山　まだ始めたばかりであれば問題ないと思いますが、続けていくうちに指導者との関係がなかなかうまくいかないということに見舞われる場合もあるようです。

廣瀬　相性が合わないというようなこともあると聞きます。でも、どんな状況でもブレずに目標に向かう心をスポーツからつくってあげたいと私は思っています。

父親　大事なことですね。周りに流されずにやっていくコツはありますか？

陶山　そこを支えるのが、やはり親との信頼関係です。子どもが「親に見守られている」「支えられている」から大丈夫だと思えること。どんなことがあっても自分は大丈夫なんだ、と思えるくらいの親子の信頼関係。それが自己肯定感につながります。それが持てるかどうかが大きいですね。

母親　私も今は子どもの親ですが、子どもだった頃を振り返ると、そこにいきつきます。十分な愛情を親から感じていたので悪いこともできないし、安心させてあげたいと思ってやってきました。

陶山　そういう関係をつくれたということ自体がすばらしい経験ですよね。その信頼関係は、ふれあいや対話の時間や数ではなく、なんらかの形で愛情のメッセージを伝えていくことができれば、築くことができます。たとえば、「バドミントンという好きなものを見つけて打ち込んでいるのがうれしい」「調子のよいときもスランプのときもあるだろうけど、どちらであっても大事なあなたであることに変わりない」といったようなことですね。もっと言いますと、強くなくてもいい、バドミントンをやっていなくてもいい。「あなたが存在してくれているだけで私は十分幸せ」という場合もあると思います。状況に応じてメッセージを発することで大切な信頼につながっていきます。

父親　なるほど。愛情に支えられて、人は自分を肯定して生きていく、ということですね。

緊張をいかにコントロールするか

廣瀬　メンタルというと、おそらく選手にとって課題のひとつは緊張を抑えることだと思います。私も緊張するタイプだったので、試合でやることを紙に書くなど試合準備は入念にしていました。

陶山　それはプレーに向けた準備ですか。

廣瀬　プレーも気持ちの面もです。もちろん普段の練習からやっていなければいけないことで試合だけではできないのですが、試合の前にこれまでやってきたこと、試合でやるべきこと、など書き出してそれを読んでから試合に臨んでいました。

父親　それは素晴らしい！　うちの子にも見習わせなきゃ。

廣瀬　今振り返ると、もっと自由にできたのではないかと思ったりもしますが、私は緊張するタイプで、書き出すことで落ち着いて試合ができたと思っています。緊張も人によって違い、何も考えないほうがうまくいくという人もいますし、正解はそれぞれあると思っています。

陶山　その通りで、正解はないんですよね。廣瀬さんの場合、勝つことにつながるであろうものをたくさん書き出し、繰り返し確認していくという作業をされた、ということですね。その一つひとつに、できたときの爽快感といった報酬がついているわけで、書き出すという行為によって、その気持ち、心地よい状況をつくりだしやすくしていたのかもしれませんね。

廣瀬　はい。安心し、メンタルが安定する状態をつくることができました。

父親　書き出したことによって自信にもつながりましたか？

廣瀬　そうですね。試合前に見返すことによって集中力も上がり、落ち着いてコートに入ることができました。このやりかたが私には合っていたと思います。ただ、人それぞれなので、子どもたちにも自分に合ったやりかたを考えて見つけてもらえるといいなと思います。

母親　廣瀬さんはどうして、書き出すことが不安解消になると思ったのですか？

廣瀬　私は勝ちたいという気持ちが強く、だからこそ不安な要素も頭に浮かんでしまっていました。たとえば、サービスでミスしたらどうしよう、といったことですね。どうすればいつものプレーができるかと考え、そこから書くことにたどりつきました。ただ、現役時代の終盤になるとやりかたが変わりました。一つか二つだけテーマを決めて、書くのではなく、頭のなかに入れておくのです。あるときからそのほうが集中しやすくなりました。

陶山　人間が集中できることは、同時に二つか三つまで、といわれていますので、集中するためには非常にいい方法ですね。試合への緊張に関する話は、やはり選手たちからよく聞きます。緊張に対する対処法は自分の感情のコントロールで、それこそメンタルトレーニングのなかのスキルのひとつともいえます。たとえばトーナメント戦。

負けるとそこで終わりになってしまう一発勝負です。つまり、絶対に勝ち続けなければいけないわけですが、それは気持ちのうえでも非常にしんどいことですよね。ある選手は〝勝ち負けなんてどうでもいい〟と思って臨んだら、とてもいいプレーができたそうです。この例にかぎらず、勝ちにこだわりすぎると、それを絶対に達成しなければならないという心理になってしまうんですね。日本人の場合どちらかというと、体は緊張して不安が高まり、幸せでなくなり、考えることができなくなるという傾向があるように思います。

父親　まじめな人が多いということなのでしょうか。

陶山　そうなのかもしれませんね。勝利をある意味、投げ出したからよかったというのは、ひとつ興味深いことといえますね。

家庭の価値観に沿ったサポートを

廣瀬　動機づけのためのご褒美、変化を見逃さないことの大切さ、考えかたへ導くための声かけなど、たくさんのお話をうかがいました。最後に、選手としてがんばっている子どもに対して、親としてどのように精神面でのサポートをしたらいいのか、改

緊張への対処法

1 ルーティンを持つ

- ラケット（ストリング）を触る
- ラケットを回す
- コート内を歩き回る

これら一連の所作が緊張をやわらげる（安心感を持つ）のに役立つことはよく知られている

2 よいイメージを持つ

- 何をしたらうまくいったかを考える

試合に向けてよいイメージを持つことも有効。ただし、うまくいった試合を漠然と思い浮かべるのではなく、日頃どんなことをしたらうまくいったかを、考えることが大切。たとえば、ショットを打つ前には必ず次のイメージを持つようにするなど。得点につながる、失点しない明確なイメージづくりが試合を優位に進める手がかりになる

＊そのほかにも、呼吸法、筋弛緩法、自律訓練法といった技法がさまざま用意されているので、気になる方は自分に合ったものを探してみてほしい

めて教えてください。

陶山　勝つために、どのようにサポートしていくといいかということですね。これについては、私はさまざまなやりかたがあっていいのではないかと思っています。と言いますのも、ご家庭によって価値観が異なるからです。

父親　家庭の価値観ですか。

陶山　はい。それぞれのご家族の歴史といいますか、そのご家族の持っていらっしゃる価値観。たとえば、〝楽しくスポーツをしてくれればいい〟という価値観を持っているご家族もいれば、〝スポーツをやる以上は強くなること、勝つことがもっとも大事〟と考えるご家族もあります。それはすなわち選手たちの背景です。同じようにバドミントンをやっていても、それぞれ異なる価値観を背景に子どもたちは育ってきているわけです。また、ご家庭にはその時々でなんらかの事情があることも少なくありません。そういう背景を知れば知るほど、個々の選手に応じたサポートが必要なのだと考えさせられます。そういう意味で、いろんなパターンがあっていい。そのご家庭の、本人の、価値観を実現できるようなサポートがあれば、それでいいのではないかと思います。

父親　僕はやっぱり強くなってほしいから、子どもが強くなれる環境を与えてあげたいかな。

母親　私はまず健康で、楽しく。そのためのサポートをしていきたいですね。

陶山　「健康で、楽しく」というのであれば、「面白い、楽しいからやりたい」という内発的動機づけを大切にするサポートが役立つように思います。一方、「強くなってほしい」というのであれば、先に取りあげた「考える」能力を高めるのもひとつの方法かと思います。なかでも対戦相手の意図を読む力は性別や年齢、競技レベルにかかわらず、遅かれ早かれ必ず取り組まなければならない能力です。「考える」ための環境が用意できていれば、その力を育むことにつながるかもしれません。

第7章の習慣（まとめ）

45「内発的動機づけ」は自分の内側から、「外発的動機づけ」は外的な要因でコントロールされるやる気。二つの使い分けが必要

46 失敗を能力不足に求めると、がんばらなくなってしまう可能性がある

47 能力は増大するとの認知も大事

48 子どもとの会話では、無理に話さなくてもいいという雰囲気をつくる

49 子どもとの会話でポジティブな種を探すことが、自ら別の視点を見つけることにつながる

50 親子の信頼関係が自己肯定感につながる

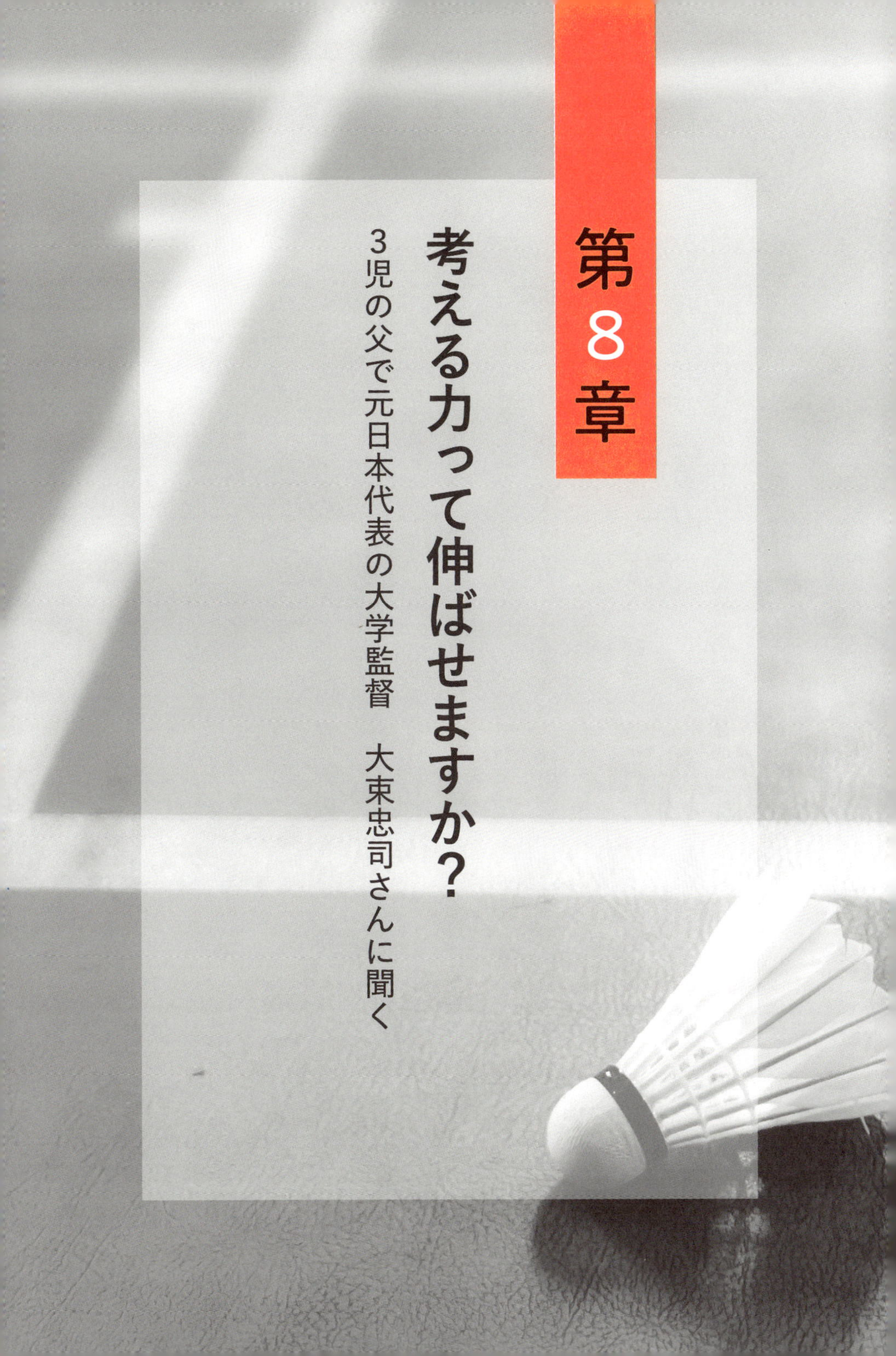

第8章

考える力って伸ばせますか？

3児の父で元日本代表の大学監督　大東忠司さんに聞く

大東忠司さんは私の大先輩だ。

当時十代。念願のナショナルチームに入れたものの、右も左もわからなかった私にやさしく接してくれたことは今も覚えている。

「舛田（圭太）／大束」ペアでアテネ、北京と二度のオリンピック出場を果たした、私にとってレジェンドのようなオリンピアンだ。選手時代は、本当にかわいがっていただいた。

この企画が始まったとき、「ぜひ、忠司さんにお話をうかがいたい」と二人に伝えた。忠司さんは現在大学で指導しているだけでなく、自身のお子さんたちもジュニアバドミントン選手として歩み出している。同じ道を行く子の親として、そこにはどんな想いがあるのだろうか。バドミントンで進学させる場合など、さまざまなことをうかがってみたかった。

久しぶりに忠司さんの研究室を訪ねると、「廣瀬、校内で迷ったでしょう。探している姿が見えたよ」。

現役時代と変わらない、茶目っ気たっぷりの笑顔があった。

チーム選びのポイントは通わせやすさとチームの雰囲気

母親　子どもを預けることになるので、やはりチーム選びは慎重に行いたいのですが、何を基準に選んだらいいでしょうか。

大束　最初のチーム選び。とても重要ですよね。今、ジュニアクラブでは行き帰りの送迎を保護者が行うということが当たり前になってきています。そこを考えると、最重要事項は自宅との距離になると思います。ご両親が共働きというご家庭も多いので、学校が終わってから体育館へ送って行くとなると、遠いと大変ですよね。ましてや、通い続けることを考えると、どんなにいいクラブであっても、おとうさん、おかあさんにはかなりの負担となってしまうことは間違いありません。

母親　確かに、そうですね。

廣瀬　私は片道1時間くらいかけて父が送り迎えをしてくれていました。今振り返ると、父はとても大変だったと思います。

大束　かといって、近隣にチーム選びの選択肢がたくさんあればいいけれど、そううまくはいかないというのが現状じゃないかなと思います。

母親　なかなか都合よくはいかないですよね。

大束　そうなんですよね。いずれにしても、親としては子どもが楽しんでやってくれることが一番なので、チームの雰囲気も大事なチェックポイントのひとつと考えてはいかがですか。どんなチームなのかを知るためにはいきなり入部するのではなく、一度体験させてもらい、子どもの様子を見て決めるといいと思います。同性の同級生や、年の近い友だちがいると続けやすくなりますね。ジュニアクラブにはさまざまな地域の子が集まっている場合が多いのですが、知らない顔ばかりの環境だと子どもによっては孤立してしまって、練習どころかなかなかチームに馴染めない、という場合も出てきてしまいます。

廣瀬　大束さんのお子さんはみんなバドミントンをやっていらっしゃいますよね。やっぱりお父さんがプレーヤーだったということがきっかけですか？

大束　実は、バドミントンをやらせたかったのは僕よりも妻。彼女はバドミントン経験者ではないけれど、僕よりも熱心なんです。子どもたちは僕がプレーヤーだったことはもちろん知っていますが、僕自身は本人ががんばるなら、競技はなんでもよかったくらいで、今も嫌ならやめてもいいよ、というスタンスでいます（笑）。それはともかく、多くの家庭の場合、スポーツを始めるきっかけはやっぱりおかあさんが大きいんではないかと思うんですよ。送り迎えはおかあさんが中心になる家庭がほとんどですしね。どこへ通わせたいか、その気持ちが子どもに伝わるのかなと思います。

母親　参考までに、大東家のチーム選びはどのようにされたか教えてください。

大東　我が家の場合、きょうだいがいますので、一番上の子をどこに入れるかが重要なポイントでした。そこが決まってしまえば、下の子どもたちは自然にそちらについていきますからね。

母親　きょうだいが別のクラブに入ったら、二つの練習場所に連れて行かなければならず、通わせきれないですよね。

大東　それもありますが、チームが別だと試合で対戦となった場合、応援の問題が出てきます。距離や手間の問題もありますが、そこを考えると、きょうだいで別のチームに通わせるのは難しいですね。

母親　そういう問題が出てくるんですね。

廣瀬　通っているのは、強豪ジュニアチームだと聞きました。

大東　たまたま距離的に通わせられる範囲で、強化に力を入れているチームがあったことが一番の理由です。ただ、僕としては、やるからには遊び感覚ではなく、本気で競技に向き合ってほしかったということはありますが。もちろん、本人にも確認しました。続けていくには本人にその気持ちがないと難しいからです。練習が厳しいところになるけれど、大丈夫かと尋ねたところ、「がんばってやってみたい」というのでお願いすることにしました。僕のところはそのような考えでやっていますが、事情はご家庭によって異なると思います。そのジュニアチームがどこを目指して指導しているのか、全国を目指しているのか、それとも子どもの心と体の健康を優先しているのか、長く続けることを考えると、チームの目的を理解して選んでいただいたほうがいいかと思います。

母親 練習は通常、週にどのくらいあるのでしょうか。

大束 チームによりますね。週に3日から5日というところもあれば、週7日毎日練習があるというところもあります。

父親 バドミントンと並行して、ほかのスポーツもやらせてみたいなと思っているのですが。

大束 いいと思います。選択肢はあったほうが子どものためにもいいですよね。うちの子もひとり、最初はダンスをやっていました。ただ、先ほどの話にも通じるんですが、複数の習いごとをすると練習日が重なってしまうなど、送り迎えをする親のほうが厳しくなっていくんですね。そんなこともあって、今はその子もバドミントンをやっています。強くなりたいとがんばっています。そういえば、僕も現役時代、ダンスを習っていたんですよ。体のバランスをとれるようになりたくて始めたんです。肩甲骨を動かすことをよくしていました。体に力が入ると動けないので、体の力を抜くい練習になりました。僕にかぎらず、トップアスリートには違うスポーツを取り入れている人は結構います。始める前から決めつけず、やりたいと言ったならやらせてみて、合わなければすぐにやめてもかまわないと思いますね。

母親　ジュニアクラブに入ると、保護者がやらなければいけない役割のようなものがありますよね。

大束　クラブによってそれぞれですね。練習中、保護者はすべてシャットアウトして見られないというところもありますし、親が見守るなかで練習をするというところもあります。またたとえば、保護者は全員審判資格を取得することを求めるというチームもあります。試合の審判や線審に親が入るんですよ。そういうチームは学年が上の保護者が中心になっていろいろと仕事を分担し、回しているようですね。

廣瀬　そうなると、パートタイムで働いているならなんとかなるかもしれませんが、会社員のような場合、なかなか難しいですね。子どもがそのようなチームに入りたいと言った場合、かなりの覚悟を持たないとやらせてあげられないですね。

チーム選びのチェックポイント

- ☑ 自宅から通いやすい距離か
- ☑ 体験してみて子どもが楽しそうか
- ☑ 年の近い同性がいるか
- ☑ チームの目的と子どもの気持ちが合っているか
- ☑ 保護者の役割分担など練習環境はどうか

大東　チームごとの練習環境といった部分も、通わせられるかどうか、見極めのポイントになると思います。

いい指導者は言葉に力がある

母親　チームを率いる指導者がどんな方なのか、ということも気になります。やはり指導者の資質は無視できないところだと思いますが、いい指導者かどうか、見分けるポイントのようなものはありますか？

大東　いろんな指導者がいますので、一概には言えませんが、僕の個人的な視点ですと、言葉を大事にしている指導者はいい指導者だと思っています。そういう指導をしている人は、言葉にとても力があるんですよ。言っていることがスッと入ってきやすいんです。

廣瀬　大東さんご自身がそういういい指導者から指導を受けてこられたということですか。

大東　そうですね。言葉に力がありました。言葉数は多くないのに妙に説得力があり、深く考えないと理解できないというか。考えさせる言葉を出してくる指導者でしたね。

そういう指導者が僕は好きですね。

母親 では、逆に好ましくないと思う指導をされる方とは？

大束 固定観念が強すぎる人ですね。今まで自身がされてきた経験が絶対で、それを基準に指導にあたっている人というのは、そこからなかなか変わっていかなくて難しい。もちろんそれはひとつの成功体験として重要だとは思うんですけどね。

母親 言われた通りにやっていれば間違いない、という指導者もまだまだいらっしゃるということですね。

大束 それがなぜあまり好ましくないか、というと、そのときは言われたままにやって勝つことができたとしても、のちのち言われないとがんばれない人間をつくってしまう可能性があるからです。そうなると、その環境でないとやれない、指示がないと動けないということになってしまいますよね。強い選手というのは、どんな環境にあっても強いというのが僕の考えです。その違いは、自分で考えられるかどうかにあるのではないかと思いますね。

父親 その時々で勝つことばかりに目がいっている指導者がいるのも親としては気になるところです。

大束 そうですね。ジュニアはまだ入口なのに先の話ができない、その試合に勝ったならそれでよし、ということになると、その時点でその子の目標が終わってしまいます。子どもは可能性のかたまり。そこで体験するさまざまなことは、人生の通過点でしかないんですよね。だからこそ、指導の現場ではそこから先につなげていくことをなにより大事にしなければなりません。そう考えると、そこで勝ってその先にどうなりたいのか、そんなところまで深く話ができる指導者は、魅力的ですね。もっとも、勝たないと先につながっていかないというところはあるんですが。

中学からのスタートでは遅い？

母親　小学生の頃はほかの競技をし、中学の部活動でバドミントンを始めるとしたら遅いですか？

大束　何かを始めるのに遅いということはありません。学校の部活動というのは競技の入り口としてはとても入りやすい。教育の一環なので、厳しい練習よりもまずスポーツに親しむことを目的で行っているところも多いですからね。ただ、県大会、全国大会などを目指したい子にとっては、今、中学校の部活動は難しい状態にあります。たとえば、公立の中学校の場合、練習日は週に3日から4日以内程度、週末も土曜か日曜のどちらかしか練習ができないんです。これは教員の労働時間の問題があるためで、部活動自体があまり機能していないところも出てきているのではないかと思います。部員数が非常に多いところもあって、コート数はかぎられているので、部活動ではあまりシャトルを打てないということもあるようです。

廣瀬　私もいろんな学校の練習現場に行っていますが、公立中学校はとくに部員が多い印象です。

大束　現在のバドミントンの状況を考えると、よほど強い学校でないかぎり、部活動で高い実力をつけるのはかなり難しいと感じています。やるからには強くなりたい、全国大会で勝ちたいなどと考えるのであれば、部活動にプラスしてやはり力のあるジュニアクラブに通うなど環境を整える必要があると思います。

父親　考えて切り拓いていかないといけませんね。

大束　はい。もっとも、これはジュニアクラブに所属していても言えることかと思います。たとえ強いクラブであっても、そこに預けたら現場にお任せして安泰ということにはならない。やっぱり今のジュニアクラブを取り巻くスポーツ環境を考えると、子どもはもちろんですけど、親もしっかりとサポートしていくという覚悟を持つことが求められますね。

バドミントンと進路

父親　うちの子は、中学は強豪校に行きたいと言うようになってきました。ジュニアチームでほかの親御さんと話をすると、バドミントン留学と言いますか、その後を考え、他県のバドミントン強豪校に早くから進学する子も増えていると聞きました。寂しいということもあるんですが、正直、こんなに小さいうちから外に出していいのか、親として迷っています。

大束　年齢的には幼いですが、本人が目標を持ち、それを達成するために進学したいと言うなら、いいことだと思います。ただその際、子どもの気持ちをしっかり確認することは大事です。たとえば、「将来、自分はどうなりたいと思い描いているのか」強豪校に行くこと自体が目標であれば、そこから先につながらないのでやめたほうがいいように思います。やはり、そこから先、高校、大学、実業団、そのような未来を描いているようであれば、強豪校に進むことも考えていいかもしれません。

廣瀬　本人に明確な目標があり、覚悟があるかということですね。

大束　やはり小学生といえども覚悟は必要だと思うんですよ。親元を離れて生活していくのですから。でも、今の子どもたちを見ていると、その場だけのイメージで終わってしまっていることが多いように思うんですよね。どういうことかと言うと、指導者に導かれて目の前だけを見ている。小学校、中学校、高校、大学、実業団、その時々の目標達成のイメージができているだけで、その先につながっていかない。指導者が先導してあげるとイメージをつけやすいんですが、それがないように思えて僕にはならないんですよね。これは積み重ねの回路ですからね。

廣瀬 目の前の目標がゴールになってしまっているということですね。大東さんのお子さんも、現在、県外に進学されていると聞きました。参考までにどのような経緯というか、ご家族で話をされたのか聞かせてください。

大東 本人がその学校に進学したいと言い出したんです。将来どこにつなげたいという思いもなく、行くことだけが目標ならやめたほうがいいと思っているので、どうなりたいと考えているのか、そこは話をしましたね。本気で強くなりたいという覚悟があるということなので、進学を決めたという感じです。

廣瀬 いいケースですね。本人に目標があって進むのが一番です。

大東 そうですね。言えることは、うちの子ということではなく、本人の考える力が必要だということですね。考える力がないとそこで終わってしまいますが、考える力

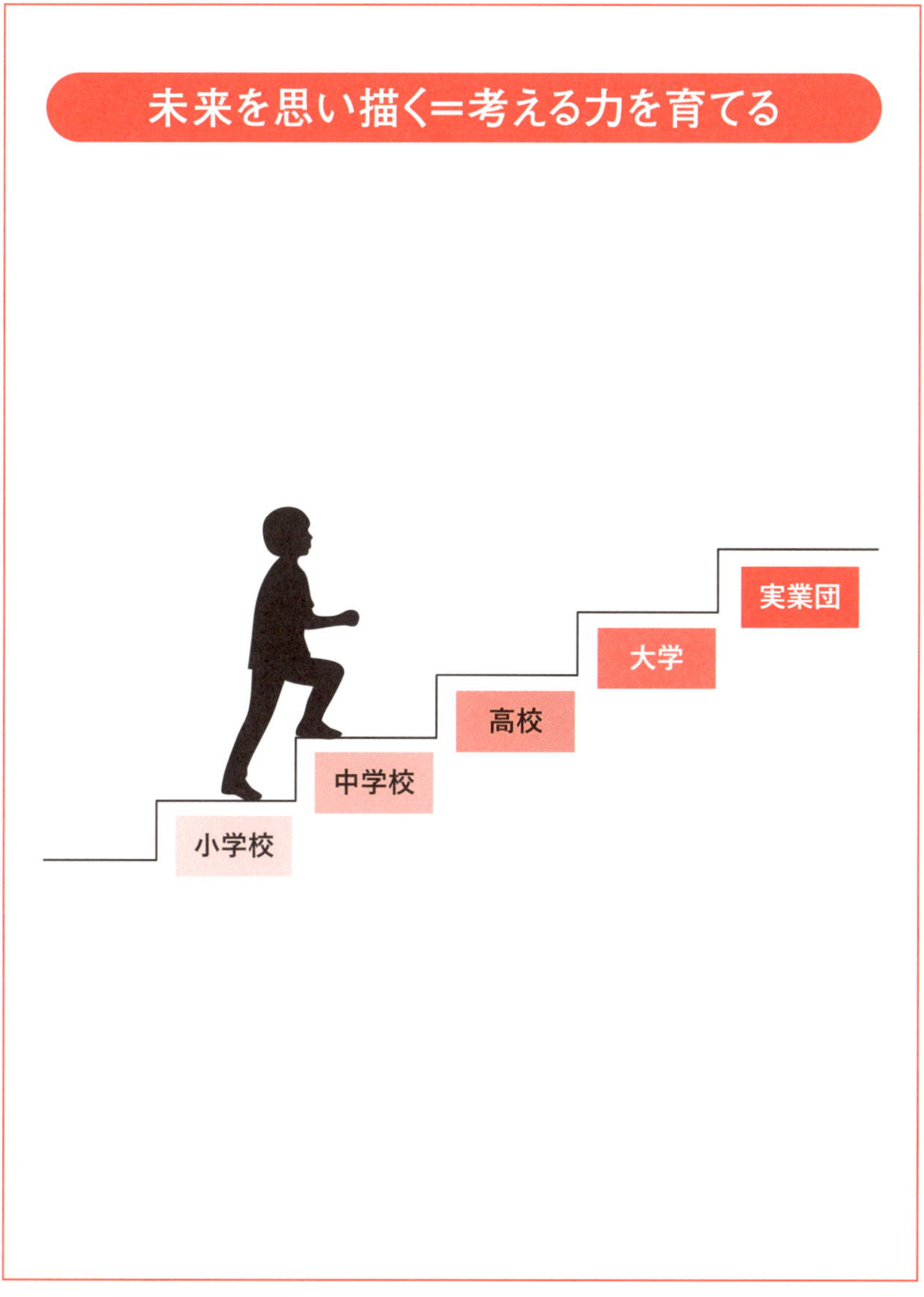
未来を思い描く＝考える力を育てる
小学校
中学校
高校
大学
実業団

がある子に新しい環境を与えると一気に伸びていきます。

廣瀬 強い学校へ行ったことで環境が変わり、もがきながら、考えながらやっていくことでまた強くなる。スポーツにかぎらず、この「考える力」をつくることが、私の子育ての目標です！

子どもに考えさせ、選ばせる

父親 私はほかの競技をやっていましたが、自分がやっていた競技だったら指導に口を出したくなってしまったかもしれません。

大束 ジュニアクラブの指導者と意見が違うと子どもが迷ってしまうので、私はすべてお任せですね。聞かれたら答えるくらいです。

廣瀬 長い目で見守っていくということですか？

大束 僕はそのクラブの指導者ではないので、責任をとれないですからね。

廣瀬 気になりませんか？

大束 気にならないと言ったらウソになるけれど、そういうやりかたもあるのだなと受け止めているという感じですね。必ずしも僕が正しいとは思っていないですからね。

廣瀬　すごいです、私だったら言ってしまうかもしれません。

大束　言うのはいいと思う。ただそこで大事にしたいのは、子どもに考えさせるということ。たとえば、指導者と僕と意見が違い「コーチはこう言ってたよ」と言ってきたとしたら、「どちらがいいか、自分で考えて試してみればいいよ」というふうに答えますね。

廣瀬　素晴らしいです！

母親　自分で考えさせて選ばせるといっても、小学１年生くらいだとまだわからないのではないですか。

大束　そのあたり、もしかしたら、親のほうにバイアスがかかっているかもしれないですよね。子どもは放っておくと、自分で考えながらいろんなことをやっているじゃないですか。

廣瀬　確かに、子どもの成長スピードは早く、幼稚園児でも年少と年長には大きな変化があります。そう考えると、できることは意外に多いのかもしれないです。

大束　そう。子どもは、僕らの予想をはるかに超えているんだよね。

廣瀬　まずは子どもに選ばせてみるということが大事だということですね。

大束　選ばせるというより、考えられるように導くという感じですね。このとき大切なのは、子どもが選んだものを否定しないこと。それは違うなどと頭から否定してしまうのは、あまりよくないと思いますね。選んだもので失敗するかもしれないけれど、小さなうちこそ失敗を経験したほうがいい。そこから子どもは、いろんなことを学んでいくんですよ。ただ、失敗があまりに多いと自信をなくしてしまうので、その塩梅を親は考えてあげないといけないかなと思います。成功させるプロセスをつくってあげることが親の役割と考えています。

廣瀬　できないから何度もやらせる、ということではなく、その子にできることへと導いてあげるということですね。

大束　そうです。それも目標を少し下げてあげるだけでいいと思います。目標を立てて、それができないことで自信をなくし、自分自身のことを信用できなくなってしまうんですよね。たとえば、「1回戦を勝つ」とか、「この選手から1点をとる」でもいいんですよ。できたことが自信になり、その積み重ねが成功体験になっていきます。ただね、今の若い世代を見ていると、そこをあまり経験させてこなかったんだな、と感じます。目標設定がうまくできていない。目標が高すぎるんです。夢は高くていいんですが、目標は低くてもかまわないんです。

廣瀬　そうですよね！　目標がひとつ成功したら、それでまた楽しくなって、次はこうしよう、ああしてみたいとやりたいことが広がっていきます。そう考えると、本当に成功体験って重要ですね。

大束　もちろん、バドミントンのことじゃなくてもいいんですよ。走ることでも、勉強でもなんでもいいんです。

母親　なんにでも通じるということですね。

父親　では、その過程のなかで失敗したときはどのような声かけをしたらいいですか。

大束　失敗したら「またがんばろうか」か、「なんでダメだったんだろうね」など、一緒に考えるのがいいのではないかと思います。やってはいけないのは、「あれをやって」など、指示することですね。そうなると、子どもはなぜそれをやらなければいけないのかわからない。言われたままをやることになってしまいますから。「これができたらいいね」と話し合い、練習でやってみようかと、うながしてあげるほうがいいと思います。

廣瀬　具体的に、目標は紙に書いたほうがいいですか？

大束　そうですね、書いたほうがいい。書いて目に見えるところに貼っておくとさらに効果的だと思いますね。活躍している人たちは、言葉を大切にしている人が多いですよ。実は僕も、研究室に好きな言葉を書いて貼っています。

子どもに考えさせ成功させるプロセス

Aを選んで失敗したとき	失敗が続くとき	Aにかわる Cを選び成功
↓	↓	↓
自信はダウン	自信はかなりダウン	自信はアップ
↓	↓	
なぜ失敗したのか親も一緒に考える	目標を少し下げてあげる	

廣瀬　実は私も、今、子育てメインの生活なので、「怒らない」と書いて貼っています（笑）。

どんな叱りかたをするか

廣瀬　怒ること、叱りかたについても教えてもらいたいです。

大東　叱るって難しい。使う言葉、叱るタイミングなどが大事になると思います。僕が叱るのは、言ったことをやらないときぐらいですかね。自分からこれをやると言ったのにやらないときは叱ります。ただ、これは自分から「やる」と言った場合です。たとえば、ゲーム。ゲームばかりやって困っているという保護者の声を聞くことがあるんですよ。

母親　まさに今、それで困っています。

大東　じつは僕もゲームが好きなので、やりすぎると子どものことを言えなくなるので、セーブしている状況です（笑）。だから、たとえば「やるな」ではなく、時間を決めるといいんじゃないかと思います。そのときに、何時でやめるか、子どもと相談します。小さなお子さんだったら、「長い針が6のところに来たらやめる」とかね。

それを守らなかったら叱る。自分で決めたことを守らない、ということになりますね。また、勉強や自主トレなど、「やることをやってからならいいよ」と言うようにすると、子どもはがんばって宿題もトレーニングもやると思います。

母親　声を荒げることはありますか？

大束　どういう言葉や口調なら子どもの心に入りやすいかを考えますね。強く怒って言ったほうが子どもに届くのか、しっかり話して聞かせたほうがいいのか。使い分けは時と場合、子どもの性格にもよると思います。目的は怒ることではなく、その言葉自体が子どもに入るかどうかが重要なので、怒られてぷいっとふてくされた態度になるのであれば言葉が入っていないわけです。叱ったことはあまり意味がなかったということになる。何を言ったら伝えたいことが伝わるかが重要かなと考えているんですよね。

父親　親は冷静に伝えかたを判断しないといけないとは思いますが、つい気持ちが入りすぎることがあるんですよね。

廣瀬　感情的に怒ってはいけないと思いますが、そうなるときもあって。

大束　そこもケースバイケース。感情をストレートにぶつけて怒ることも、時に必要だと思うんですよ。たとえば、危ないときとかね。危険がおよぶときには、感情で怒ったほうが伝わる。それこそ真剣にね。反対に、何かをしっかり理解させるとき、そのときは感情よりも言いかたが大事。

廣瀬　わかりました。叱るのはおとうさんの役目など、家族で役割分担をされていますか？

大東　決めてはいないですね。うちは夫婦で性格や考えかたがかなり違うんです。根本的に異なるところが多々ある。だから、互いの意見を子どもに伝え、最終的には子どもが決めればそれでいい、という感じになっています。

廣瀬　夫婦で意見を合わせるのではなく、異なる意見のままに伝えるんですね。父親としてはどう子どもたちに接していますか？

大東　なんだろう。あまり子どもとして見ないですね。なんというか、ひとりの人間として接しています。こうなってほしいなという思いがありながらも、どう伝えていったらいいか、考えています。そう言いながら、でもちょっとね、自分の子どもとなるとどうしても感情的になることのほうが多いかもしれないですね。

叱りかたについて

子ども自身にルールを決めさせる

それを守らなかったら叱る

時と場合、子どもの性格によって
叱りかたを変える

子どもの心に入りやすい
言葉と態度を判断する

しっかり理解させたいなら
言いかたに注意

危ないときは
感情をぶつけて怒るのもあり

スポーツと遊びから学ぶこと

廣瀬　チーム選び、育成方法などいろいろとお話をうかがってきましたが、たびたび私の子育ての大きな目標である「自分で考える力」という言葉が出てきました。社会に出ると自分で決める、選択するということを繰り返していく必要があると思います。

大束　今の教育は違う方向に進んでいくような気がします。環境を整えることに意識がいき、子どもたちは必要なものをみんな与えられて育っているような感じがする。そんな背景があるので、今の子たちはどちらかというと、自分で考えるということが苦手なのではないかと思います。

父親　考える力を磨く場が減っていると？

大束　バドミントンの場合、チームでの練習が中心になりますが、今は、たとえば連帯で責任をとるという指導はやってはいけないことになっています。僕らが子どもの頃には当たり前のようにありましたが、今は教育で連帯が禁じられているんです。

母親　連帯ですか？

大束　教育の現場は今、とても難しいところにあるように感じます。子どもたちの根本は変わっていないんですけどね。もちろん、だれかがミスした責任をみんなが負うというかたちは好ましくないと思います。でも、ジュニアクラブの指導現場で、ある選手の能力を上げるということは、その子個人のことだけ考えればできるというものではないし、そんなことをしたら他人のことを考えない子が出てきてしまいかねない。みんなで気持ちをひとつにする、互いに責任を持つ、思いやる、といった意味での連帯があることで、個の力を伸ばすことができるはずです。その連帯のなかで人とかかわり、考える力も磨かれると思うのです。

母親　それを大事にしたチームに入って練習するということは、集団のなかで頭や心を鍛え、学びも得る機会があるということなんですね。体を鍛えられるのはもちろんのこと。

大束　はい、スポーツは結構、成長に重要な役割を果たしているのです。子どものときには、そこに外遊びの要素が加わるとさらにいいですね。遊ぶこともとても重要。子どもはまず、何をして遊ぶかを考えます。たとえば公園などのかぎられたスペースのなかで、いかに楽しい遊びをするか。集まった人数、年齢、さまざまなことを子どもなりに考慮しているんですよね。だから、遊びから体の力だけでなく、考える力も育んでいくことができる。ところが、今はゲームという完成された遊びがあるため、その余地がなくなってしまっているように思います。

廣瀬　大束さんは遊びを考える天才でしたよね。

大束　いろいろ考えるのが好きなんですよね（笑）。かぎられたなかでルールをつくったりね。とくに子どもが考えているときに少し提案すると、そこからまた子どもの考えが広がっていきます。そして、最終的には子どもに何をするか決めさせる。そうして考える力が身につくよう導いていきたいですね。

第8章の習慣（まとめ）

51 チーム選びは自宅との距離と
チームの雰囲気が決め手

52 よい指導者は言葉を大切にしている

53 強い選手になるためには、
自分で考えること

54 自分で未来を描けるなら、
バドミントン留学もあり

55 親は考えられるように導き、
子どもが選んだことを否定しない

56 なぜダメだったのか、一緒に考える

57 伝えるために何を言うかが重要

58 遊びは体の力と考える力を育む

終章

親子で一緒にできる練習がありますか？

元日本代表選手＆コーチ　廣瀬栄理子さんに聞く

すべての取材が終了した。

賢者のお話を聞いて、私もみなさんの力になれることはないだろうか、と思った。

親と子が自宅で、一緒にできるかんたんなメニューを考えてみた。とくにノックの球出しは、練習で親が手伝えるところでもある。実際、クラブチームによっては、ノッカーは保護者が担当していることもある。

親が協力できることはたくさんあるはずだ。お子さんのサポートの参考にしてもらえるとうれしい。

ぜひ、親子でバドミントンを楽しんでほしい。

グリップの上手な握りかた

廣瀬　賢者のお話、非常に勉強になりました。

父親　本当ですね。親としてどのようなサポートが求められるのか、考える視点をたくさんいただきました。

母親　私もそう感じています。とくに、体のケアに関しては私にできることがかなりあるように思いました。

廣瀬　お二人が加わってくださったことで、より深いお話を聞くことができました。私自身にとってもたくさんの学びがありました。私も、何かみなさんの力になりたいと思いました。

父親　オリンピアンの廣瀬さんからレクチャーいただけるとは。ありがたいです。

母親　自宅でかんたんにできる練習があるそうですね。できましたら、私たちにもできるメニューを教えていただけるとうれしいです。

廣瀬　はい。私の小さいときを思い出しながら、お子さんと一緒にぜひやってみていただきたいメニューを考えてきました。私には兄がいます。兄は運動神経がよく、何をしても上手でした。兄と一緒にバドミントンを始めたのですが、私の最初の目標は「お兄ちゃんみたいに打てるようになること」だったんです。両親は自宅でできることは何かないかと工夫し、練習のサポートをしてくれました。振り返ると、それが私のバドミントンの基礎となっています。

父親 そうでしたか。廣瀬さんはお兄さんと一緒に始めたんですね。

廣瀬 はい。そうなんです。

母親 きょうだいがやっているということは、やっぱりスポーツを始める大きなきっかけになるということですね。自宅で練習するお姉ちゃんの姿を見たら、きっと自然に妹も「お姉ちゃんみたいにやってみたい」と思うようになるかもしれませんね。

廣瀬 そう思います。ぜひ、このかんたんレッスンをご家族みんなでやってみていただきたいです。

父親 やってみます！

母親 家族でバドミントンを楽しむことができたら、もっと楽しくなりそうです！まず何から教えていただけますか？

廣瀬 では早速、ラケットを持つところから始めましょう。ラケットを握るところをグリップといいますが、この握りかたが、バドミントンの上達を左右するポイント。

クラブチームでも学びますが、しっかり身につけるために自宅でも取り入れていただきたい練習です。

父親　バドミントンの魅力のひとつ、さまざまなショットを打つためですね。

廣瀬　その通りです！　ラケットの面を立ててグリップを握ります。このとき、固く握りすぎず、軽く握ってください。

母親　それはなぜですか？

廣瀬　ショットごとにグリップを操作するからです。

母親　繊細なショットを打つためには、微妙な操作があるんですね。

廣瀬　そうです。また、グリップには利き手側に飛んで来た球を打つ「フォアハンド」の握りと、反対側に来た球を打つ「バックハンド」の握りがあります。バックハンドは、グリップの一番大きな面のところに親指をあてて握ってください。

父親　どちらも軽く握るんですね。

廣瀬　はい、その通りです。ラケット面を立てて握るイースタングリップと、面を寝かせて握るウエスタングリップなどと分けて考える学びかたもありますが、ショットによってそのどちらかに近い位置に自然に持ち替えるので、厳密に分けて考えなくてもいいと思います。基本は、ラケットの面を立てて軽く握ること。そこから自分が打

握りかた

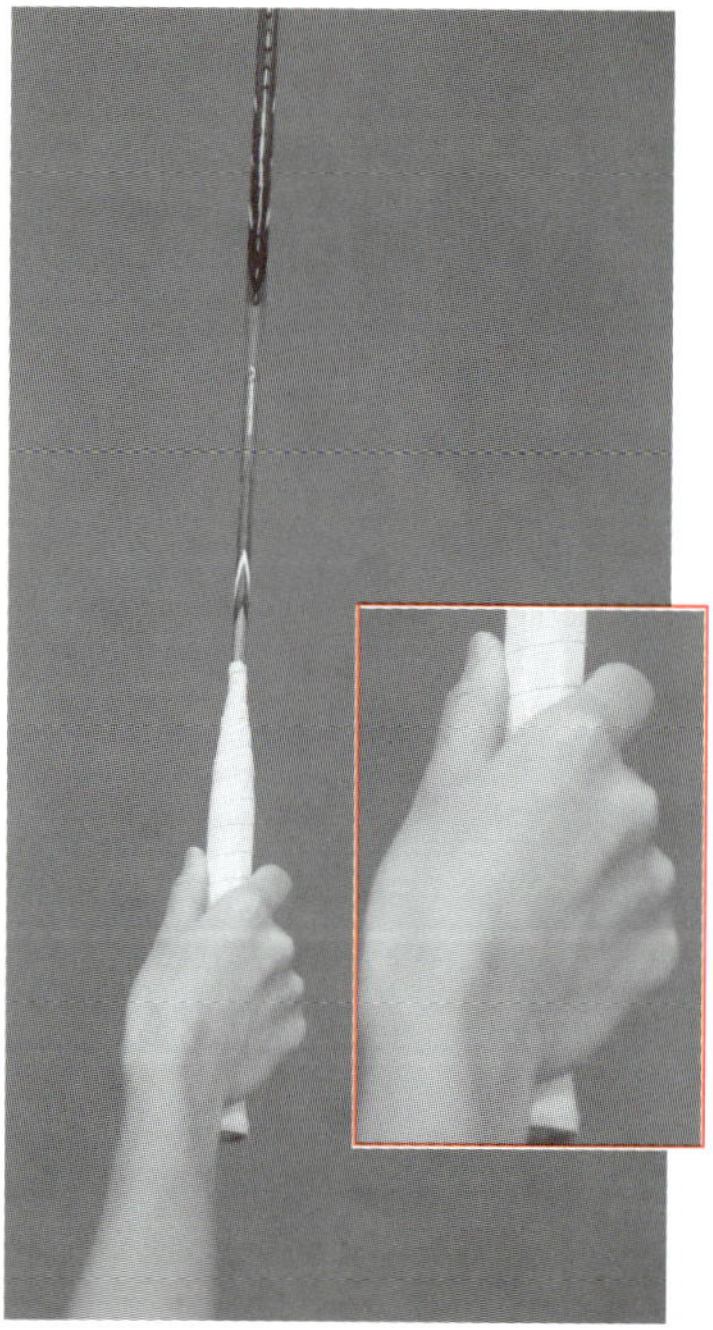

バックハンド

8角形になっているグリップの、
一番大きな面に親指をあてる

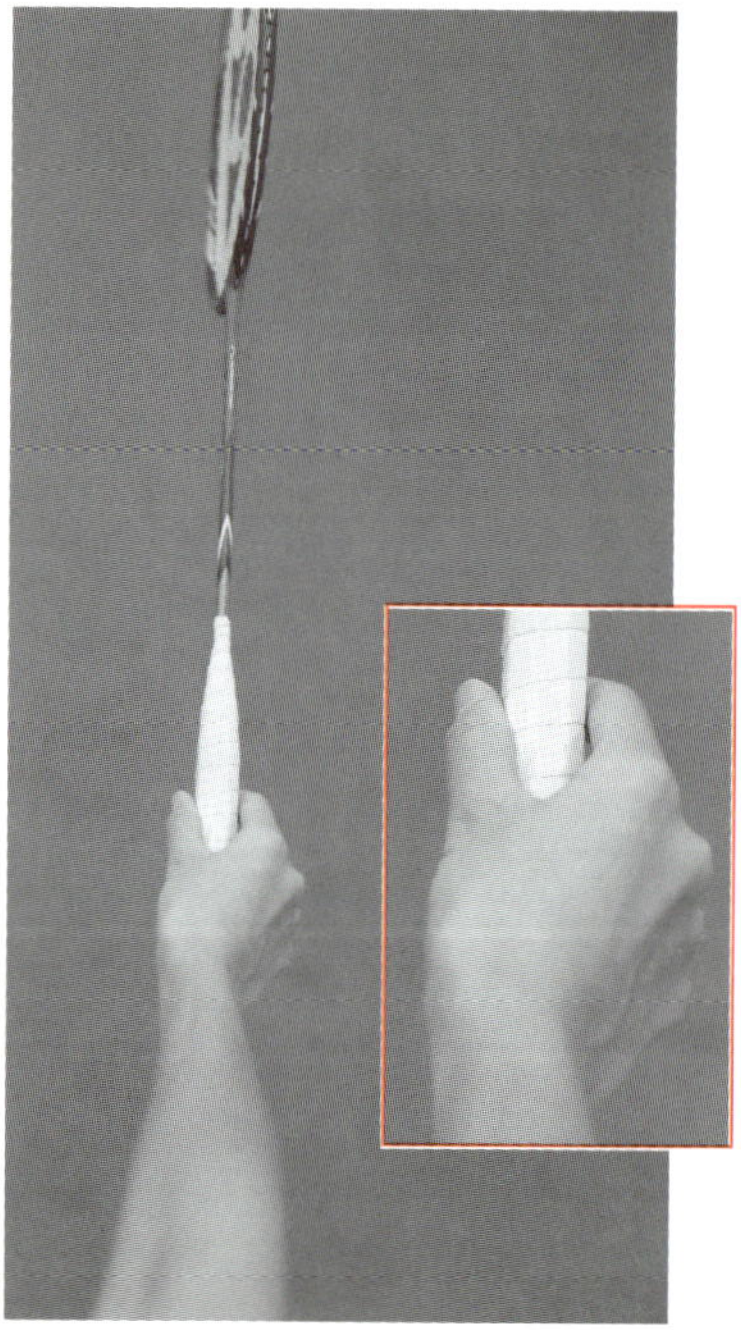

フォアハンド

ラケット面を立てて、軽く握る

ちやすい握りかたを見つけてくださいね。

シャトルぽんぽん

廣瀬　次に、実際にシャトルを打ってみましょう。まずはフォアハンドから。手のひらを上に向けてシャトルをぽんぽんと上に打ちます。

父親　グリップはさっきの状態でいいですか？

廣瀬　はい、難しく考えずにやってみてください。軽くぽんぽんとシャトルを連続して打ち上げてみましょう。それができたら、今度は手の甲を上に向けたバックハンドとフォアハンド、交互にやってみましょう。バックが難しかったらフォアだけでもいいですよ。

父親　なかなかうまくいかないものですね。

廣瀬　シャトルが打ちやすいような感覚、持ちかたを探してみてください。そして、打つ瞬間に、グリップをぎゅっと握りこむように打ってみましょう。

母親　軽く持って、打つときにぎゅっと握る。

廣瀬　そうです。一番大切なのはグリップをぎゅっと固く握りすぎないこと。この練

やってみましょう 01

シャトルぽんぽん

ねらい　打つ感覚をつかむ

ポイント　打つ瞬間だけ握り込む

フォアハンド

手のひらを上にしてシャトルを上げる

バックハンド

手の甲を上にしてシャトルを上げる

習を続けていると、どこにあてるとシャトルが打ちやすいか、わかるようになってきます。その感覚をつかみましょう。

シャトル拾い

父親　選手がコートに落ちているシャトルをラケットでさっと拾うじゃないですか。あれがかっこよくてマネしてみたいんですが。

廣瀬　かっこいいですよね。実はコツがあるんです。

父親　そのコツをぜひ教えてください。

廣瀬　はい。床のシャトルとラケット面を平行にすることです。次に、シャトルがあたる瞬間にくるっとラケットを回転させます。このとき、コルクは自分のほうに向くようにセットして、真横からスプーンですくうようにするといいですね。また、すくい上げる瞬間にグリップを握っている3本の指の中指・薬指・小指にキュッと力を入れることもポイントです。

やってみましょう 02

シャトル拾い

ねらい グリップの握りかたの感覚をつかむ

ポイント スプーンで真横からすくうようにする

コルクを自分のほうに向けてシャトルとラケット面を平行にする

シャトルにラケットをあてる

中指、薬指、小指に力を入れてすくい上げる

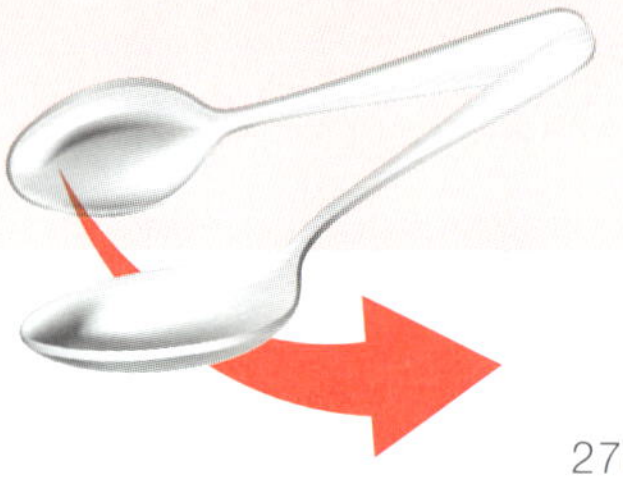

シャトル投げ

廣瀬　ラケットの握りができるようになり、シャトルがあたる感覚がつかめてきたら、今度はシャトル投げで、体の使いかたとシャトルの軌道を意識していきましょう。シャトルを打つことをイメージしてかまえます。

母親　どうやったらいいですか？

廣瀬　しっかりと胸を張り、腰を引いて半身の体勢をつくって右足は後ろに引きます。右手にシャトル、左手は斜め前方に上げましょう。左利きの場合は右手が斜め上、左足が後ろになります。前に上げた手と後ろに下げた足が一直線で結べる位置にくるようにします。そこから、クリアーの軌道をイメージして投げてみましょう。右足で前に踏み込み、肩を大きく回して投げてください。

父親　意識したいポイントはありますか？

廣瀬　どこにシャトルを飛ばしたいか、目標位置を決めることです。目線はシャトルを飛ばす方向に。クリアーなのでなるべく大きく投げることをイメージしてください。

父親　この投げかたで、ほかのショットの練習にすることもできますか？

ねらい フォームをつくる、体の使いかたを覚える

ポイント 飛ばす位置の目標を決める

手投げにならないよう全身を使って投げよう！

胸を張った半身の姿勢から、クリアーの軌道をイメージして投げる

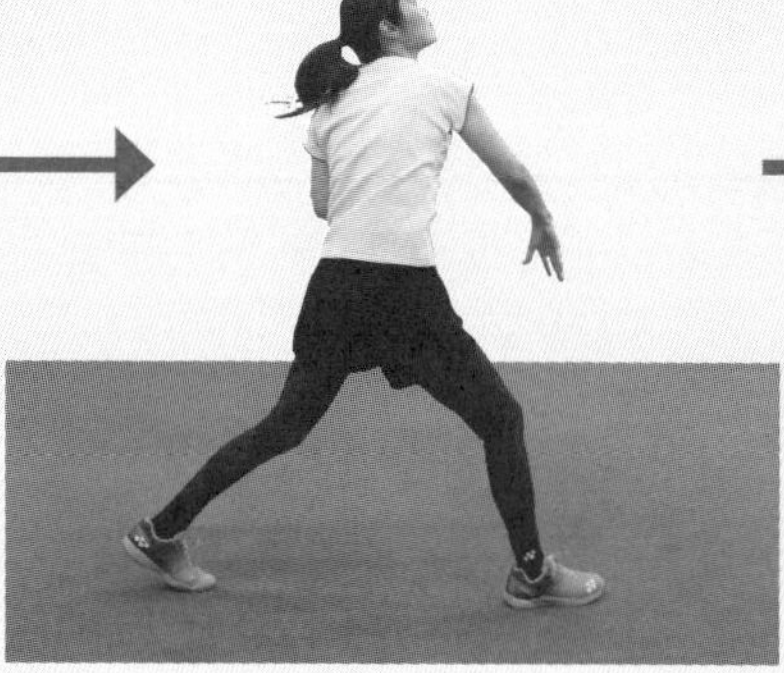

やってみましょう 03の①

シャトル投げ［クリアー］

ねらい　フォームをつくる、体の使いかたを覚える

ポイント　飛ばす位置の目標を決める

クリアーのシャトル投げより腕を速く振り抜こう！

クリアーより腕の振りを速くして、スマッシュの軌道をイメージして投げる

やってみましょう 03 の ②

シャトル投げ［スマッシュ］

廣瀬　スマッシュも同じ方法で投げられます。上ではなく、下に向けて投げます。
父親　ポイントを教えてください。
廣瀬　スマッシュがコートに突き刺さるような軌道をしっかり頭に描いて、腕を振りぬくこと。クリアーのときよりも腕の振りを速くすることを心がけてください。胸を張った半身の姿勢から、スマッシュの軌道をイメージして投げるといいでしょう。

ノックの球出し

◎**下投げ**

廣瀬　ノックはおとうさん、おかあさんたちもサポートしやすい練習です。よりよい球を上げられるようにしていきましょう。
母親　練習を保護者が手伝うこともあるので、教えていただけるとうれしいです。
廣瀬　まず、下投げから紹介します。初心者であればしっかりシャトルをラケット面にあてるように意識すること。コルクを包むように指先でやさしく持ち、下からしっかりと高く投げてください。あまり速く手を振りすぎないで、ゆっくり高く投げることを心がけてください。

下から球を出すときのシャトルの持ちかた

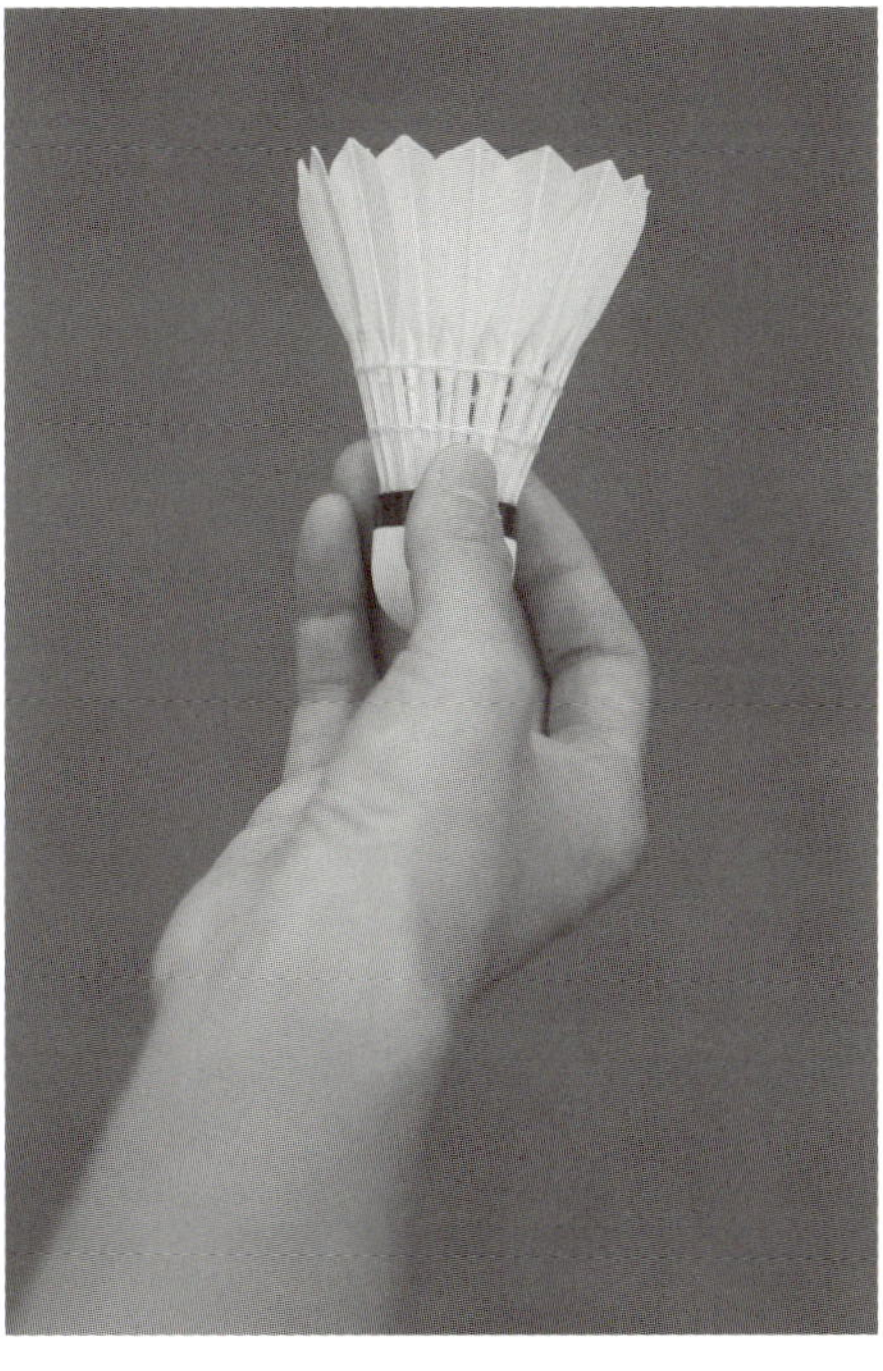

コルク部分を包むように指先でやさしく

ねらい　練習者がシャトルを面に
しっかりあてられるように投げる

ポイント　ゆっくり
高く上げる

足を前に踏み込んで投げる

やってみましょう 04

ノックの球出し［下投げ］

一歩足を出して投げるとシャトルの軌道が安定する

母親　それはなぜですか？

廣瀬　ゆっくりしたスピードなら、シャトルを目で追いながら子どもが球の下に入ることができるからです。腕を速く振るとシャトルにも速さが出てしまいますので、気をつけながらやってみてください。手だけで投げてしまうとシャトルの軌道が安定しないので、足をしっかり前に踏み込んで出すことも大切です。

父親　高さはどのくらいに合わせればいいですか？

廣瀬　子どもの背の高さプラス、ラケットの高さのところで打てるように合わせて投げてあげるとさらに効果的です。

◎上投げ

廣瀬　下投げができるようになったら、上から投げてみましょう。肩をしっかり回して投げてください。このときも、大きく、高く、足をしっかり前に出して投げてください。投げたい方向に足を向けるといいコースに投げられます。

父親　下から投げるのと上から投げるのとでは、何が違いますか？

廣瀬　上から投げたシャトルは、弧を描くように落ちていきます。そのため、始めたばかりの子は落ちてくる位置をとらえることが難しく、あたりにくいということがあ

上から球を出すときのシャトルの持ちかた

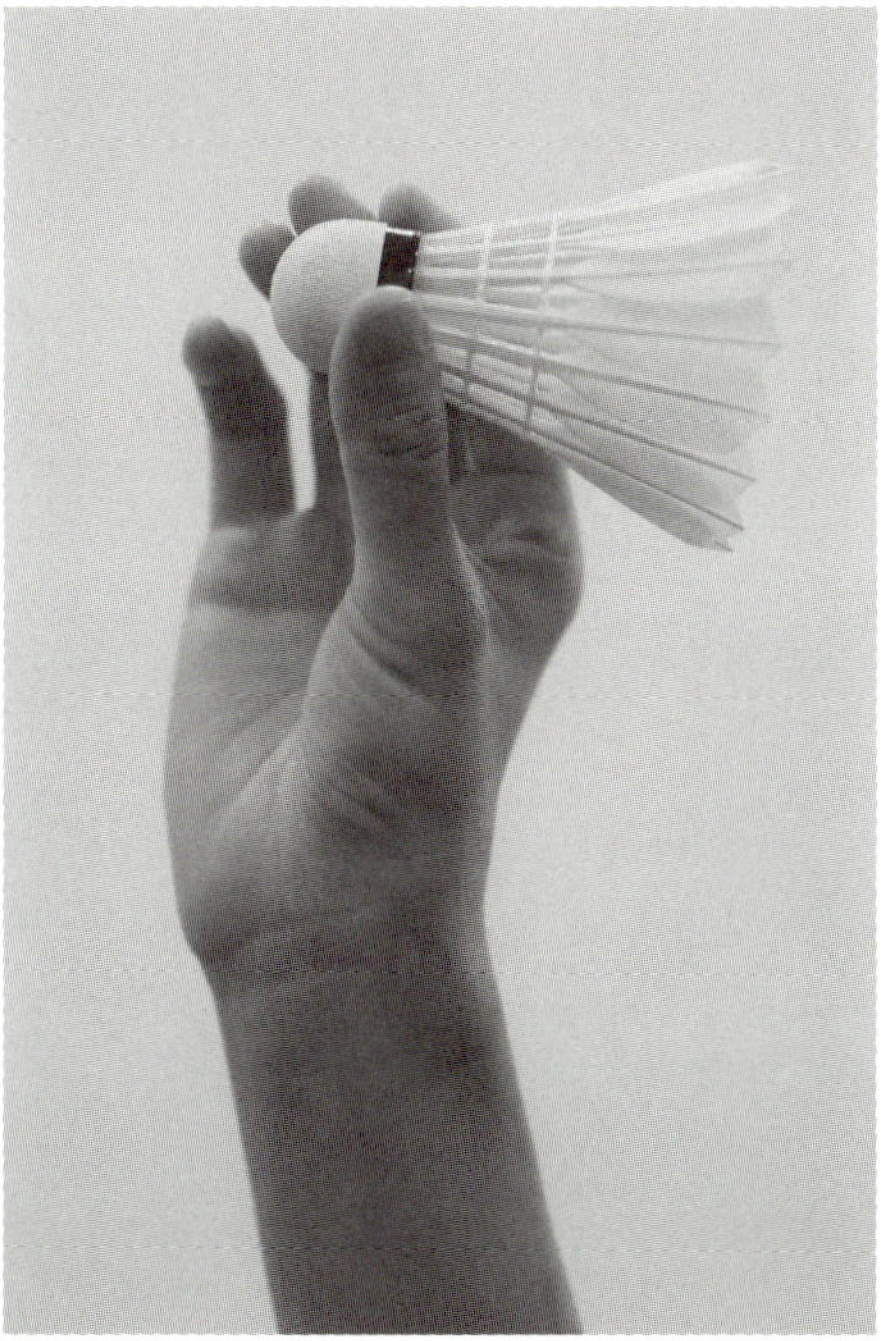

相手に向けたコルク部分をやさしく握る

ねらい　練習者がシャトルを面に
しっかりあてられるように投げる

ポイント　大きく
高く上げる

足を踏み込み、
肩をしっかり回して
投げる

シャトル投げとフォームは同じ。練習者に打たせることを考えて、コルクがしっかり相手に向くよう意識してシャトルを持つ

コルクを相手に向ける

やってみましょう 05

ノックの球出し［上投げ］

ります。反対に、下から飛んできたシャトルは落下位置を読みやすく、あてやすいです。ただどちらが打ちやすいかは、好みもあるので聞いてみるといいと思います。どちらの投げかたもしっかり高さを出すことを意識し、子どものいるところに投げてあげてください。また、投げることを意識しすぎて肩に力が入らないようにすることも大切です。

指を使うための練習

廣瀬　今度は少し変わった練習です。ご自宅のドアに、回すタイプのドアノブがあればそのドアノブで、なければ紙コップなどを用意してください。

母親　なんの練習でしょう？

廣瀬　指をよく使えるようにする練習です。ロブを打つときも指の力を使ってコントロールしますし、クリアーでは最後に指でグリップをぎゅっと握り込むようにして打ちます。細かい部分がしっかり使えると、多彩なショットを打つことができます。

父親　先日お話を聞いた片山卓哉さんも手をうまく使うことの大切さを強調されていました。指が使えるとやはりいいショットを打つことができるんですね。

やってみましょう 06

指を使うための練習

ねらい 多彩なショットを打つために指を鍛える

ポイント ヒジから大きく動かさない

○

手首から先を
動かすイメージ

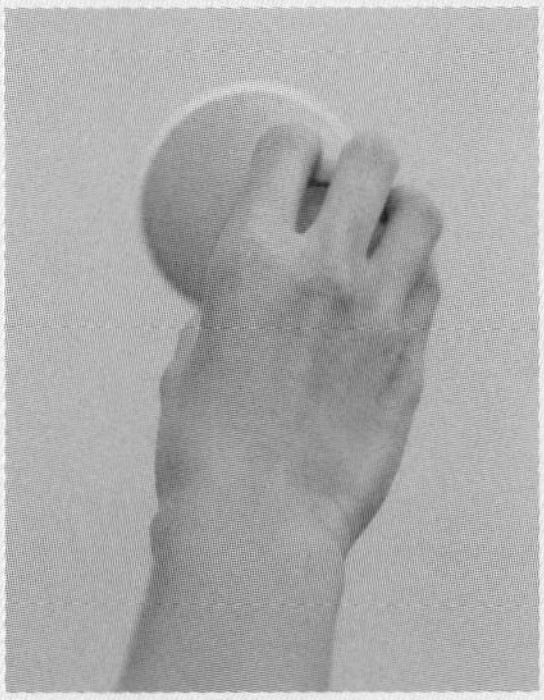

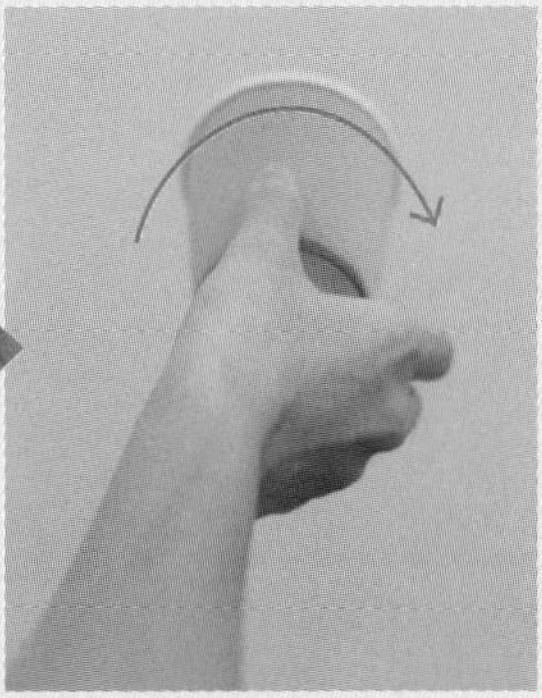

×

ヒジから
動かしている

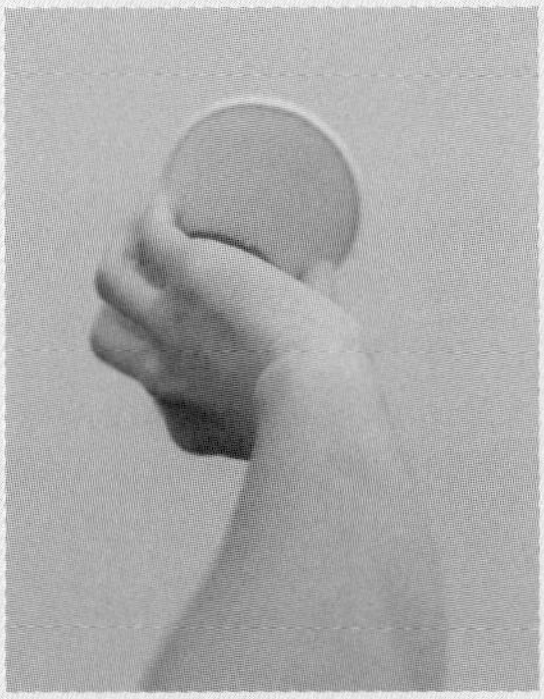

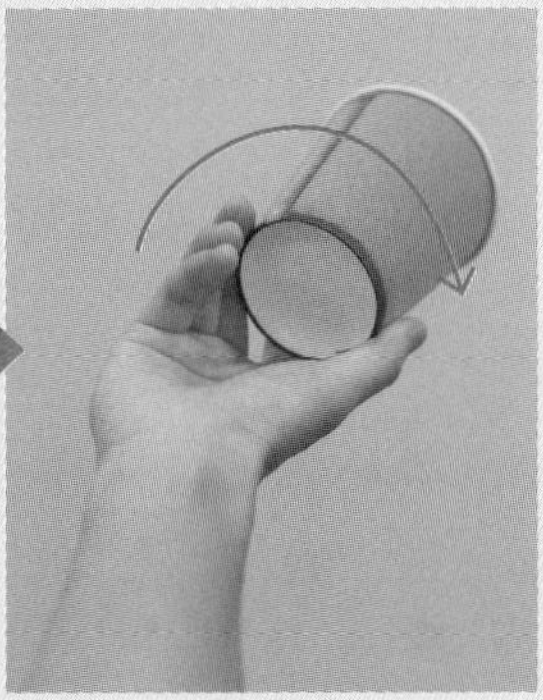

指先で紙コップの端を握り、左右に回転させる

廣瀬 そうなんです。しっかり使えるように練習しましょう。今回はコップでやってみます。指先で握って左右に回転させます。

母親 注意するところはどこですか？

廣瀬 ヒジから大きく動かさないことです。手首から先を使うイメージです。

親が一緒にすると子どもはうれしい

廣瀬 さて、ここまで6つのメニューをご紹介してきました。いかがでしたか？

母親 自宅にあるものでこんなにかんたんにできる練習があるんですね！

父親 シャトルを使った練習は、バドミントン経験がなくてはできないものだと思い込んでいました。そんなことはないんですね。今日教えていただいたものなら、私にもできそうでありがたいです。

母親 本当ですね。とくにノック練習はチームでの練習でいつも見ていました。私にもできるとは思いませんでした。シャトルを使うと私もバドミントンを一緒にやっている気持ちになりうれしいです。

父親 これ以外にも、何かほかに自宅でできるようなものはありますでしょうか？

廣瀬　ネット前（ヘアピン）の練習ならあまり場所をとらないのでおすすめです。部屋に洗濯用のロープなどを引っ張ってネットの高さにし、感覚を覚えます。また、シャトルは使いませんが、素振りや姿勢など、外から見ないとわからないところを動画に撮ってチェックしてあげる、といったことも保護者のみなさんにやっていただきたいサポートです。

父親　動画はいろいろな部分で活用できそうですね。

廣瀬　はい。トップ選手の動画からも学ぶことができます。「好きな選手のプレーを見る」「プレーの組み立てを見る」など、上手に使ってみてください。おとうさんやおかあさんがバドミントンを理解し、一緒にがんばろうという姿勢を見せてくれることは、子どもにとってとてもうれしいことなんです。私がそうでした。ぜひ、少しずつでも続けてくださいね。

memo

効果的な動画の見かた

インターネットにつなぐと、そこにはたくさんのバドミントン選手たちの動画がアップされています。バドミントンが大好きな子どもたちにとっての宝庫です。トップ選手のプレーは何よりの教材です。ぜひ上手に活用していただきたいと思います。

私は動画を見るとき、いろいろな角度から見るようにしていました。ひとつは「好きな選手のプレーを見る」です。自分の好きな選手のプレーを見て、やってみたいショット、マネしたいプレーを見つけたら積極的にチャレンジしてみましょう。好きな選手になりきってみるというのも楽しいと思います。第6章でもお話ししましたが、私はスシ・スサンティ選手（インドネシア）が大好きで父に録画をしてもらっていました。とくに独特なサービスにひかれ、いつも練習でマネをしていました。

また、「プレーの組み立てを見る」ということもしていました。たとえば攻撃的なプレーをチェックしたいなら、どのように組み立てて攻撃していくのか。自分が不得意なプレー、たとえば守備が苦手なら、どのようにして守っているのか、を見るのです。

たくさんの動画を見て、どんどんマネしていきましょう。

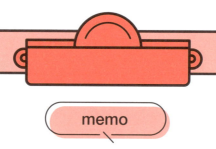

動画で何を見るか

1 好きな選手を見る

- □ サービス
- □ スマッシュ
- □ レシーブ
- □ バックハンド
- □ 構えかた
- □ フットワーク
- □ 表情
- □ 仕草

---

2 プレーの組み立てを見る

攻撃的なプレー

- □ ネット前への入りかた（速さ）
- □ うしろへの下がりかた（速さ）
- □ 打ち分けの多彩さ
- □ スマッシュやカットなど攻撃ショットの組み立てかた

守備的なプレー

- □ レシーブの打ちかた
- □ レシーブの配球
- □ レシーブの構えかた
- □ クリアーなど大きな展開でラリーをどう組み立てているか

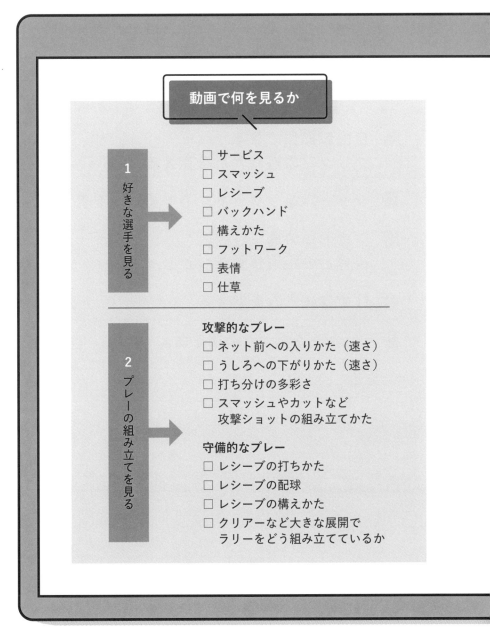

終章
まとめ

子どもに身につけてほしいこと
── 親子でできる練習

- 自由に操作できる
グリップの握りかたを覚える

- シャトルをラケットにあてる感覚を養う

- シャトルの落下位置と
自分との距離感覚をつかむ

- 体でフォームを覚える

- ショットを打つため指を鍛える

おわりに

自分で考え
進んでいくために

おわりに　自分で考え進んでいくために

想像した以上に実りの多い取材だった。

どの賢者のお話にも選手のときには気づかなかったことがたくさんあった。

「面白かった。こんなふうに考えたことがなかったね」

「今日の話には親として思い当たることがいっぱいだった」

取材のたびに3人で熱く、語り合った。

実は当初、賢者は7人の専門家としていたが、どうしても話が聞きたくなり、8人の賢者にご協力をお願いすることにした。快くご協力いただいた賢者のみなさんにはこの場をお借りして心から感謝申し上げます。

ひとつの事柄でも見かたを変えると別のものが見えてくる。賢者の話にはそんな学びがあり、どれもすぐに取り入れてみたいと思うことばかりだった。

バドミントン以外の日常生活に応用できる話も多々あった。まだ新米ママの私にとって子育ては手探り状態。今は私の手のなかにいる子どもたちも、やがてひとりで歩き始める。そのときのためのヒントとなることもたくさんいただいた。なにより、先輩ママ、パパたちの笑顔が「大丈夫、がんばって」と言ってくれているようで心強かった。

20年以上の日々を選手としてコートに立ってきた。ありがたいことにオリンピック、

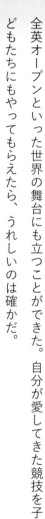

全英オープンといった世界の舞台にも立つことができた。自分が愛してきた競技を子どもたちにもやってもらえたら、うれしいのは確かだ。

しかし、無理強いはしたくない。子どもたちは私ではない。

彼らには彼らの考えがあり、道はできていくはずだ。

それをサポーターとして見守りたいと、賢者の話を聞いて改めて感じた。話を聞き終えて思うのは、スポーツを通じて自分で考え、進んでいくための力に、この本はなるということ。私自身も今回学んだことを活かしながら、子どもを見て、子どもと話して、その成長に寄り添っていきたいと思います。

廣瀬栄理子

監修者

廣瀬栄理子

（ひろせ・えりこ）

1985年3月16日生まれ。兵庫県川辺郡猪名川町出身。小学校１年生のときにバドミントンを始め、ひよどりジュニア―中谷中学（コマツクラブ）―青森山田高校を経て、2003年に三洋電機入社。13年、ヨネックスに移籍し14年に現役引退。高校時代は１年時に女子ダブルスでインターハイと高校選抜で優勝。三洋電機入社後はシングルスに専念し、全日本総合で3連覇（08～10年）を含む５度の優勝、08年北京五輪16強、10年アジア大会３位、11年全英オープン準優勝（日本人32年ぶり）など、第一人者として活躍した。引退後は指導者として活動。日本B代表コーチも務めた。現在は主に講習会で指導を継続。わかりやすくて愛情あふれるコーチングで子どもたち、シニア層など多くの人から絶大な信頼を寄せられる。メディアでの解説などでも活躍中。著書に『みんなうまくなるバドミントン基本と練習』（ベースボール・マガジン社）がある。

子《こ》どもがバドミントンを始《はじ》めたら読《よ》む本《ほん》

8人《にん》の賢者《けんじゃ》に聞《き》いた58の習慣《しゅうかん》

2024年12月20日　第1版第1刷発行

監　修　廣瀬栄理子《ひろせえりこ》
発行人　池田哲雄
発行所　株式会社ベースボール・マガジン社
〒103-8482 東京都中央区日本橋浜町 2-61-9　TIE 浜町ビル
電　話　03-5643-3930（販売部）
　　　　03-5643-3885（出版部）
振替口座　00180-6-46620
https://www.bbm-japan.com/

印刷・製本　広研印刷株式会社

Printed in Japan
ISBN978-4-583-11714-0　C2075